Auferweckung

Forum Theologische Literaturzeitung

ThLZ.F 39 (2023)

Herausgegeben von Christoph Markschies
in Verbindung mit Albrecht Beutel, Christfried Böttrich,
Beate Ego, Friedhelm Hartenstein, Ralph Kunz,
Friederike Nüssel, Nils Ole Oermann und
Henning Wrogemann

Ingolf U. Dalferth

# Auferweckung

Plädoyer für ein anderes Paradigma
der Christologie

EVANGELISCHE VERLAGSANSTALT
Leipzig

Ingolf U. Dalferth, Dr. theol., Dr. h.c. mult., Jahrgang 1948, war von 1995 bis 2013 Ordinarius für Systematische Theologie, Symbolik und Religionsphilosophie an der Universität Zürich und von 1998 bis 2012 Direktor des Instituts für Hermeneutik und Religionsphilosophie der Universität Zürich. Von 2007 bis 2020 lehrte er als Danforth Professor for Philosophy of Religion an der Claremont Graduate University in Kalifornien.

Dalferth war von 1999 bis 2008 Gründungspräsident der Deutschen Gesellschaft für Religionsphilosophie und 2016/2017 Präsident der Society for the Philosophy of Religion in den USA. Von 2000 bis 2020 war er Hauptherausgeber der »Theologischen Literaturzeitung«. Dalferth erhielt in den Jahren 2005 und 2006 die Ehrendoktorwürden der Theologischen Fakultäten von Uppsala und Kopenhagen.

**Bibliographische Information der Deutschen Nationalbibliothek**
Die Deutsche Nationalbibliothek verzeichnet diese Publikation in der
Deutschen Nationalbibliographie; detaillierte bibliographische Daten
sind im Internet über http://dnb.dnb.de abrufbar.

© 2023 by Evangelische Verlagsanstalt GmbH · Leipzig
Printed in Germany

Das Werk einschließlich aller seiner Teile ist urheberrechtlich geschützt.
Jede Verwertung außerhalb der Grenzen des Urheberrechtsgesetzes ist
ohne Zustimmung des Verlags unzulässig und strafbar. Das gilt insbesondere
für Vervielfältigungen, Übersetzungen, Mikroverfilmungen und die
Einspeicherung und Verarbeitung in elektronischen Systemen.

Das Buch wurde auf alterungsbeständigem Papier gedruckt.

Umschlag und Entwurf Innenlayout: Kai-Michael Gustmann, Leipzig
Satz: ARW-Satz, Leipzig
Druck und Binden: CPI books GmbH

ISBN 978-3-374-07360-3 // eISBN (PDF) 978-3-374-07361-0
www.eva-leipzig.de

# Vorwort

Vor bald 30 Jahren veröffentlichte ich meine Studie *Der auferweckte Gekreuzigte* (1994) als Folgeband der ein Jahr zuvor erschienenen Untersuchung *Jenseits von Mythos und Logos* (1993). Der darin unternommene Versuch, Christologie nicht von der Inkarnation, sondern von der Auferweckung her zu denken, ist nicht überall auf Verständnis gestoßen. Meist meinte man, die aufgeworfenen Fragen durch eine Unterscheidung zwischen *ordo cognoscendi* (von der Auferstehung zur Inkarnation) und *ordo essendi* (von der Inkarnation zur Auferstehung) beantworten zu können und am Leitfaden der Unterscheidung zwischen *extra nos* und *pro me* auch so beantworten zu müssen: „Es gilt der Primat der Gottesbeziehung Jesu (Inkarnation und Kreuz) vor seiner Weltbeziehung (Kreuz und Auferweckung)".[1] Doch beide Argumente sind nicht überzeugend. Die Unterscheidung zwischen *extra nos* und *pro me* lässt sich nicht auf Inkarnation und Auferstehung verteilen, sondern ist sowohl im Paradigma der Inkarnation als auch in dem der Auferweckung zur Geltung zu bringen: Nicht allein die Inkarnation, sondern auch die Auferweckung sind Gottes Heilswirken *extra nos*, das *solo deo* geschieht, und nicht allein die Auferweckung, sondern auch die Inkarnation sind Heilsgeschehen *pro nobis* und theologisch auch so zu entfalten. Gott handelt nicht zuerst für sich

---

[1] Heinrich Assel, Elementare Christologie. Erster Band: Versöhnung und neue Schöpfung (Gütersloh 2020), 34.

selbst (Inkarnation) und erst dann auch für uns (Auferstehung), sondern an jedem Punkt und in jeder Hinsicht ist er der, der sich aus selbstloser Liebe auf seine Schöpfung bezieht und für seine Geschöpfe öffnet, um auch für die da zu sein, die ihn missachten.[2] Und die Unterscheidung zwischen *ordo cognoscendi* und *ordo essendi* unterschätzt, dass Inkarnation und Auferweckung keine unabhängig voneinander zugänglichen Sachverhalte sind, sondern die Rede von der Inkarnation eine hermeneutische Rückprojektion von der Auferweckung des Gekreuzigten her ist, die nicht ohne weiteres durch einen Umkehrschluss zum ontologischen Ausgangspunkt der Menschwerdung des Logos und seiner Rückkehr in die Sphäre des Göttlichen gemacht werden kann. Das Resultat eines Verstehens- und Denkprozesses zum realistischen Ausgangspunkt und zur ontologischen Voraussetzung dessen zu machen, was man zu verstehen und zu denken sucht, erzeugt zwangsläufig Verwirrungen und Irrwege des Denkens. Diese lassen sich kaum reparieren, solange man im gleichen Denkrahmen bleibt. Man muss anders ansetzen.

Deshalb fasse ich in diesem Essay noch einmal den Kernpunkt der Debatte konzentriert ins Auge und vergleiche das Paradigma der Inkarnation und das der Auferweckung miteinander. Sie sind nicht die einzigen Paradigmen der Christologie. Aber die meisten anderen lassen sich rekonstruieren als kritische Reaktionen auf Probleme, die diese beiden Paradigmen aufwerfen. Die entscheidenden Weichenstellungen der

---

2 Das stellt auch Karl-Heinz Menke, Inkarnation. Das Ende aller Wege Gottes (Regensburg 2021) klar: Die Inkarnation als „Mitte des Christentums" (11) ist per se die Offenbarung von Gottes Liebe und Zuwendung zu seinen Geschöpfen (Kap. A), nicht nur deren Voraussetzung auf Seiten Gottes.

Christologie fanden nicht zwischen der klassischen Christologie der Vormoderne (den Entwürfen der chalcedonensischen Tradition in der Spannung zwischen antiochenischen und alexandrinischen Akzentsetzungen) und den modernen Christologien seit dem 17. Jahrhundert (der kritischen Abwendung von der chalcedonensischen Tradition und ihren Voraussetzungen und Problemen) statt, sondern schon in der Antike in der Privilegierung von Inkarnation und Präexistenz gegenüber der Auferweckung als Ausgangspunkt christologischen Denkens. Wäre das Umgekehrte der Fall gewesen, hätte die Geschichte christologischer Reflexion im Christentum einen anderen Verlauf genommen.

Angesichts der Abirrungen und Sackgassen, in die das christologische Denken auf dem Hintergrund des Inkarnations-Paradigmas in der Moderne geraten ist, lohnt es sich, das Auferweckungs-Paradigma genauer ins Auge zu fassen. Besser als die gegenwärtig populären Ansätze (neu)chalcedonensischer Christologien oder die Versuche einer kenotischen Korrektur Chalcedons ist es, die der dogmatischen Festlegung vorausliegenden Entscheidungen kritisch zum Ausgangspunkt heutigen christologischen Denkens zu machen. Ich meine nicht nur die Differenzen zwischen der alexandrinischen und der antiochenischen Denkschule, die der Dyophysitismus des christologischen Dogmas zu vermitteln suchte. Jesus Christus, so heißt es, sei „wahrhaft Gott" und „wahrhaft Mensch", aber so, dass seine göttliche und menschliche Natur in ihm „unvermischt" (ἀσυγχύτως), „unverwandelt" (ἀτρέπτως), „ungetrennt" (ἀδιαιρέτως) und „unzerteilt" (ἀχωρίστως) vereint seien. Das ist eine theologische Kompromissformel, die mit der Ablehnung von Arianismus, Monophysitismus und Nestorianismus auf theologische Auseinandersetzungen reagiert. Doch theologische Kontroversen sind nie das Erste, sondern immer das Zweite. Sie setzen Überzeugungen voraus, die sie denkend entfalten und sind damit selbst schon Schritte auf einem theologischen Denkweg, der vieles ausblendet und im Unklaren lässt und auch anders hätte verlaufen können. Doch vor den Argumenten des Denkens stehen die Überzeugungen des Glaubens, und Unklares durch Unklares zu verbessern oder Fehler durch Fehler zu korrigieren, führt selten weiter. Besser ist es, noch einmal mit dem Anfang anzufangen. Das war im Christentum Ostern, nicht Weihnachten, und Ostern kommt elementar zur Sprache im Bekenntnis zur Auferweckung des Gekreuzigten durch Gott in das unvergängliche Leben der schöpferischen Liebe Gottes.

Ich danke allen, die sich mit meinen früheren Arbeiten kritisch auseinandergesetzt haben. Ich habe viel von der Kritik gelernt.

Eine Kurzfassung der folgenden Überlegungen erscheint in H. Assel/B. McCormac (Eds.), Christology – revised. Cross, Resurrection, Incarnation, Jesus Remembered (Berlin: de Gruyter, 2023) unter dem Titel „Die Auferweckung des Gekreuzigten. Das andere Paradigma der Christologie". Eingegangen in den vorliegenden Text sind Überlegungen der Studie „Gott für uns. Die Bedeutung des christologischen Dogmas für die christliche Theologie," in I. U. Dalferth/J. Fischer/H.-P. Großhans (Hg.), Denkwürdiges Geheimnis. Beiträge zur Gotteslehre. Festschrift für Eberhard Jüngel zum 70. Geburtstag, Tübingen: Mohr Siebeck 2004, 51–75. Ich danke den Verlagen für die Möglichkeit, dieses Material weiterzudenken.

Ingolf U. Dalferth
Saint Jeannet, im August 2022

# Inhalt

| I | Das Auferweckungsbekenntnis | 11 |
|---|---|---|
| II | Vom Auferweckungsbekenntnis zur christlichen Theologie | 19 |
| III | Das christologische Dogma | 35 |
| IV | Kritische Christologie | 44 |
| V | Christologie | 52 |
| VI | Probleme der klassischen Christologie | 64 |
| VII | Nicht nach dem Fleisch, sondern nach dem Geist | 71 |
| VIII | Vom Wesen des Menschen zur Existenz Jesu Christi | 88 |
| IX | Christologie als Soteriologie | 99 |
| X | Inkarnationschristologie | 121 |
| XI | Erniedrigung und Erhöhung | 133 |
| XII | Kenose | 139 |
| XIII | Von der Menschwerdung zum Menschlichwerden | 154 |
| XIV | Menschlichkeit als Mitmenschlichkeit | 168 |

# I Das Auferweckungsbekenntnis

**1**

Mit dem Ruf Χριστός ἀνέστη (Christus ist auferstanden!) grüßen sich griechische Christen an Ostern seit alters. Mit der Antwort ἀληθῶς ἀνέστη (Er ist wahrhaftig auferstanden!) bekennt man sich selbst als Christ. Will man knapp sagen, wer ein Christ ist, dann sind es alle, die in diesen Ruf einstimmen.

Das gilt von Anfang an, und es gilt weltweit.[3] Die frühesten Zeugnisse dafür finden sich bei Paulus (1Thess 4,14; Röm 10,9; 1Kor 6,14; 15,15): „Gott hat Jesus von den Toten auferweckt." Das ist die soteriologische Kernaussage des Christentums – nicht nur eine christologische Aussage über Jesus von Nazareth, sondern eine theologische Grundaussage über Gott und eine soteriologische Heilszusage an alle Menschen: „Gott hat Jesus *für uns* bzw. *um unseretwillen* von den Toten auferweckt." ‚Auferweckt' (ἐγήγερται) heißt hier nicht selbst auferstanden, sondern auferweckt von Gott, es geht um einen Schöpferakt Gottes (Röm 4,17), nicht um die Münchhausi-

---

3 Im Hinblick auf das, was bekannt wird, nicht im Hinblick darauf, wie es formuliert ist. Die Formulierung ἀνέστη (auferstanden) ist gefiltert durch die inkarnationschristologische Tradition. Die paulinische Formulierung ἐγήγερται (auferweckt) ist ursprünglicher und präziser. Die ἀνάστασις νεκρῶν wird von Paulus nicht als Auferstehung, sondern als Auferweckung verstanden (1Kor 15,1–20), nicht als Eigenhandeln des Gekreuzigten, sondern als Handeln Gottes, das dem toten Gekreuzigten widerfährt und ihn von den Toten, die von Gottes Gegenwart getrennt sind, für immer in Gottes Leben und Gegenwart versetzt und einbezieht.

## I Das Auferweckungsbekenntnis

ade eines Toten. Und ‚uns' meint nicht nur die Juden, die das zuerst vor Juden und Nichtjuden über den Juden Jesus bekannt haben. Alle sind von dem betroffen, was da bekannt wird, ob sie zu Israel gehören oder nicht und ob sich dazu verhalten können oder wollen oder nicht. Niemand ist daher davon ausgeschlossen, in diesen Osterruf einzustimmen. Es geht nicht nur um *Gott und Jesus* oder *Gott und Israel*, sondern um *Gott und uns*, die ganze Menschheit, ja die ganze Schöpfung.

Im Zentrum des Auferweckungsbekenntnisses steht nicht Jesus, sondern Gott und sein schöpferisches, sorgendes und helfendes Wirken: Jesus ist kein Untoter, das Christentum keine Zombiereligion, der christliche Glaube kein auf eine bestimmte Kultur beschränktes Religionsphänomen, sondern Gott hat Jesus in sein ewiges Leben auferweckt und damit klargestellt, wer und was er ist (erbarmende Liebe), dass wir als seine Geschöpfe in seiner Schöpfung leben und was er für uns und seine Schöpfung will (Heil und Gutes). Schöpfung ist Wohltat, der Schöpfer Wohltäter, und die Menschen sind die Geschöpfe, die das anerkennen und ihr Leben daran ausrichten können. Das gilt nicht nur hier und heute und für einige, sondern immer und überall und für alle. Gott ist die Lebenskraft der Liebe, die Gutes aus Üblem, Leben aus dem Tod, Sein aus dem Nichts schafft.

Wer dazu ‚Amen' sagt, steht auf der Seite des Lebens, wer das nicht tut, stellt sich auf die Gegenseite. Es gibt niemand, der das tun müsste. Jeder kann anerkennen, dass Gott ihn anerkannt hat. Dafür steht Jesus. Deshalb wird dieser galiläische Jude der Zeitenwende als Christus, als Offenbarer der grenzenlosen Liebe Gottes zu seinen Geschöpfen bekannt. Darum geht es im Christentum. Und das durchdenkt die Christologie.

**2**

Das Auferweckungsbekenntnis wirft viele Fragen auf. Aber es ist auch selbst die Antwort auf eine Frage – die Frage, die durch das Kreuz und die Jesus-Erscheinungen unter der sich zerstreuenden Anhängerschaft Jesu nach seinem Tod aufgeworfen wurde. Sie wussten, dass Jesus am Kreuz gestorben war. Aber sie hörten auch, dass er – wie Paulus es zusammenfasst – „gesehen worden ist von Kephas, danach von den Zwölfen. Danach [...] von mehr als fünfhundert Brüdern auf einmal, [...] Danach ist er gesehen worden von Jakobus, danach von allen Aposteln. Zuletzt von allen [...] auch von mir" (1Kor 15,5-8). Wie konnte beides wahr sein: ‚Jesus ist tot' – ‚Jesus lebt'? Diese Reihenfolge widerspricht jeder Erfahrung.[4] Wenn ein Toter anderen erscheint, war er entweder nicht wirklich tot oder diese haben Halluzinationen. Beides war und ist historisch wenig wahrscheinlich. Jesus war tot, wie alle wussten: Er war am Kreuz gestorben und als Toter und nicht nur als Scheintoter begraben worden. Dass er so vielen verschiedenen Menschen zu verschiedenen Zeiten an unterschiedlichen Orten erschienen sein soll, wie Paulus auflistet, macht auch eine kollektive Halluzination unwahrscheinlich. Die Menschen damals waren nicht weniger vernünftig als wir heute. Wie also sollte man die Erscheinungen verstehen?

---

4 Sie belegt aber das Wirken Gottes in der Erfahrung Israels: „Er tötet und macht lebendig" (1Sam 2,6). Der Bekenntnissatz „versteht die natürliche Folge von Geburt und Tod als Gottes Wirken, kehrt sie dazu jedoch um, so dass das Leben als Ziel erscheint und verallgemeinert ist", wie Werner H. Schmidt, Eine Grundunterscheidung des Glaubens: Wirken Gottes und Handeln des Menschen (Rheinbach: cmz-Verlag, 2020), 83 f. zu Recht betont. Genau diese „Umkehrung der Verhältnisse (1Sam 2,7 f.; vgl. Ez 17,24 u. a.) wirkt in Luk 1,52 f. nach", und sie bestimmt nicht nur das Magnifikat bei Lukas, sondern auch das Auferweckungsbekenntnis bei Paulus.

## I Das Auferweckungsbekenntnis

Jedenfalls nicht als eine Selbsthandlung des Gekreuzigten.[5] Wenn ein Toter als Lebender erfahren wird, dann kann nicht der Tote selbst der Grund dafür sein. Das war damals nicht weniger klar als heute. Nicht von ungefähr berichten Lk 24 und Joh 20, dass die Anhänger Jesu an dem zweifelten, was sie da hörten oder erfuhren. Von sich aus kommt kein Toter ins Leben zurück. Auch Jesus nicht. Dagegen lag es für Menschen in Jesu Umgebung nahe, auf Gott als Grund ihrer erfahrungswidrigen Erfahrung zu rekurrieren. Das Anbrechen der guten Herrschaft Gottes Hier und Jetzt, in seiner und ihrer Gegenwart, war Jesu Thema gewesen.[6] Deshalb waren sie ihm gefolgt. Für Gott aber sind alle Dinge möglich, wie Jesus nach Darstellung der Evangelien betont hatte (Mk 10,27; Mt 19,26). Nur Gott – so der naheliegende Schluss – konnte der Grund für die Erscheinungen des Gekreuzigten sein, nicht dieser selbst.

Paulus spricht daher nicht von Auferstehung, sondern von *Auferweckung* und von *Erhöhung*: Jesus sei nicht selbst aus dem Tod ins Leben zurückgekehrt, sondern von Gott „auferweckt worden [ἐγήγερται] am dritten Tage nach der Schrift" (1Kor 15,4) – auferweckt nicht in die vergängliche Wirklichkeit dieser Welt, sondern in die unvergängliche Wirk-

---

[5] Unter ‚Selbsthandeln' oder ‚Selbstwirken' verstehe ich jede Art von Aktivität oder Wirktätigkeit eines Menschen, sei sie allein ausgeführt oder zusammen mit anderen. Der Wechsel vom Tod zum Leben kann in keiner Weise als eine Aktivität des Gekreuzigten verstanden werden, weder als Alleinwirken noch als Mitwirken. Der in Joh 20 und Lk 24 berichtete Zweifel der Apostel richtet sich eben darauf, die Erscheinungen als Beleg einer Auferstehung des Gekreuzigten zu verstehen. Er wird erst überwunden, wenn man sie als Folge seiner Auferweckung durch Gott versteht.

[6] Ingolf U. Dalferth, Deus Praesens: Gottes Gegenwart und christlicher Glaube (Tübingen 2021), bes. 159–254.

lichkeit des ewigen Lebens Gottes jenseits aller himmlischen, irdischen und unterirdischen Sphären der Schöpfung (in Phil 2,9–11). Deshalb sind für Paulus Auferweckung und Erhöhung zur Rechten Gottes unmittelbar verknüpft (Röm 8,34).[7] Deshalb wird Jesus der Christus genannt, der für uns eintritt und uns Heil schafft. Und deshalb beschreibt Paulus 1Kor 15,47–49 Christus nicht wie Adam, den ersten Menschen (ὁ πρῶτος ἄνθρωπος ἐκ γῆς χοϊκός), als irdischen Menschen, der zum Bild Gottes (εἰκὼν τοῦ θεοῦ) bestimmt ist, sondern als den zweiten Menschen vom Himmel (ὁ δεύτερος ἄνθρωπος ἐξ οὐρανοῦ), der Gottes Bild ist. In ihm kann man Gott so erkennen, wie Gott ist, und damit selbst zu dem werden, was man sieht. Denn „wie wir das Bild des irdischen [Menschen] getragen haben, so werden wir auch das Bild des himmlischen [Menschen] tragen" (καθὼς ἐφορέσαμεν τὴν εἰκόνα τοῦ χοϊκοῦ, φορέσομεν καὶ τὴν εἰκόνα τοῦ ἐπουρανίου) (1Kor 15,49).[8] Es geht um Gott und uns, und Christus macht klar wie.

Das urchristliche Bekenntnis der Auferweckung des Gekreuzigten spricht mit dem Bild der Auferweckung und Erhöhung pointiert von einem göttlichen Geschehen, nicht von einem mirakulösen Ereignis in der Erfahrungswelt. Ohne Gott ins Spiel zu bringen, bleibt das Kreuz theologisch stumm, das leere Grab nichtssagend und die Erscheinungen Jesu werfen allenfalls psychologische Fragen auf. Gott aber kommt im Auferweckungsbekenntnis in ganz bestimmter Weise ins Spiel. Zum einen verstehen Jesu Anhänger Gott so, wie Jesus ihn in seiner Zuspitzung der Gottestradition Israels

---

7 Vgl. Jens Herzer, Passion und Auferstehung Jesu Christi, in Paulus Handbuch, hg. Friedrich Horn (Tübingen 2013), 286–288.
8 Vgl. Christiane Zimmermann, Paulus und die Macht der Bilder, ZThK 119 (2022), 31–54, bes. 38–40.

verkündet hatte: als den guten Vater, der sich in erbarmender Liebe um seine Geschöpfe kümmert, auch wenn diese nichts von ihm wissen wollen. Die Evangelien bringen das detailliert zur Darstellung. Zum anderen kommt Gott so ins Spiel, dass der Gekreuzigte selbst nicht aktiv ist, sondern gänzlich passiv in die schöpferische Aktivität Gottes einbezogen wird. Gott wirkt, dem Gekreuzigten widerfährt Gutes.

Aber nicht nur ihm. Gottes Wirken beschränkt sich nicht auf den Gekreuzigten, sondern erstreckt sich auch auf die, die seine Auferweckung durch Gott bekennen. In beiden Fällen vollzieht es sich durch das, was Christen in Fortsetzung alttestamentlicher Tradition *Gottes Geist* nennen. Der Geist ist die Wirkkraft und Gegenwartsgestalt Gottes in der Schöpfung, er ist das Hier und Jetzt des Wirkens Gottes in der Schöpfung. Der Gekreuzigte und die Bekennenden dagegen sind jeweils ganz passiv in Gottes schöpferisches Geistwirken einbezogen, der eine, indem er vom Tod ins Leben Gottes auferweckt wird, die anderen, indem sie vom Nichtverstehen zum Verstehen, vom Unglauben zum Glauben, aus einem für Gott blinden und von Gott enttäuschten zu einem für Gottes Gegenwart offenen Leben verändert und damit zu Mitwirkenden Christi und zu Zeugen der Gegenwart Gottes werden. Ohne das erste gäbe es nichts zu bekennen, ohne das zweite gäbe es niemand, der es bekennen würde.

Inhalt und Vollzug des Auferweckungsbekenntnisses sind daher nicht ablösbar vom schöpferischen Wirken Gottes.[9] Sowohl das Χριστός ανέστη als auch das αληθώς ανέστη

---

9 Erst der Auferweckte kann zum Selbsthandelnden werden, wie in Lk 24, 36–53 und Joh 20,24–29, wenn er die Apostel einlädt, ihn zu berühren bzw. vor ihren Augen gebratenen Fisch isst. Dass dies nicht in antidoketischer Absicht erzählt wurde, hat J. D. Atkins, The Doubt of the Apostles and the

nötigen dazu, in bestimmter Weise von Gott, von Christus und von den Bekennenden zu reden: Durch Gottes Wirken wird im Wechsel vom Tod zum Leben (mit Gott) und vom Unglauben zum Glauben (an Gott) etwas unableitbar Neues geschaffen, was ohne Gottes Wirken nicht möglich wäre. Das Auferweckungsbekenntnis sagt daher nicht nur, wen

---

Resurrection Faith of the Early Church. The Post-Resurrection Appearance Stories of the Gospels in Ancient Reception and Modern Debate (Tübingen 2019) mit guten Argumenten plausibel gemacht. Lukas und Johannes argumentieren nicht gegen den Doketismus, sondern dieser scheint – in seinen ophitischen und valentianischen Versionen (33-79) – eher umgekehrt eine Reaktion auf die Ostererzählungen von den Erscheinungen des auferweckten Gekreuzigten zu sein. Die lukanischen und johanneischen Erzählungen der österliche Erscheinungstradition – das belegt die von Atkins in Kapitel 4 bis 8 detailliert untersuchte frühe Rezep-tion der Ostererzählungen – sind keine antidoketische Reaktion auf den Doketismus in seinen verschiedenen Varianten. Der Doketismus reagiert auf sie, nicht sie auf ihn. Die Erscheinungserzählungen stehen am Anfang des Christentums, sie erzählen etwas, ohne das es kein Christentum gäbe. Hier muss man Atkins Rede von den *Post-Resurrection Appearance Stories of the Gospels* (Untertitel) präzisieren. Der in Joh 20 und Lk 24 erzählte Zweifel der Apostel entzündet sich am Verständnis dieser Erzählungen als Auferstehungserzählungen. Dieser Zweifel wird dort überwunden, wo im Rekurs auf die prophetischen Traditionen Israels und deren Aufnahme durch Jesus die Erscheinungserzählungen nicht als Erzählungen der Folgen seiner *Auferstehung*, sondern seiner *Auferweckung durch Gott* verstanden werden. Der Gekreuzigte ist nicht selbst vom Tod ins Leben zurückgekommen, sondern Gott hat ihn auferweckt. Die Auferweckung des Gekreuzigten aber ist anders als die erzählten Handlungen des Auferweckten keine Eigenhandlung Jesu Christi, sondern ein Schöpfungshandeln Gottes, das ein Eigenhandeln des gekreuzigten, gestorbenen und begrabenen Jesus als Christus überhaupt erst möglich macht. Entsprechend ist auch der Glaube, der sich im Auferweckungsbekenntnis ausspricht, keine Eigenhandlung der Glaubenden, sondern die Schöpfungshandlung des Geistes, ohne die es kein Bekennen der Auferweckung des Gekreuzigten durch Gott gäbe.

oder was Christen mit ‚Gott' meinen, sondern erklärt auch, warum sie Gott so verstehen: Gott ist derjenige, der Jesus von den Toten auferweckt hat, nicht um an Jesus ein Mirakel zu exekutieren, sondern um die Menschen von ihrer Selbstfixierung, Gottesblindheit, Selbstüberschätzung und verkürzten Wirklichkeitssicht zu heilen. Niemand kann vor Gott selbst für sich eintreten, schon gar nicht, wenn er tot ist. Jeder ist vielmehr darauf angewiesen, dass ein anderer für ihn eintritt (Röm 8,34). Und der einzige, der das für jeden nicht nur kann, sondern auch tut, ist Jesus, den Gott zum Fürsprecher und Sachwalter für die gottblinden Menschen gemacht hat. Gott wird hier also als der einzig Wirkende bekannt: deshalb ist von ‚Auferweckung' die Rede. Dieses Gotteswirken wird so verstanden, wie Jesus es verkündet hat: deshalb ist von der ‚Auferweckung des Gekreuzigten' die Rede. Und dieses Verständnis ist gerechtfertigt, weil Gott mit der Auferweckung des Gekreuzigten in sein Leben die Gottesverkündigung des Gekreuzigten ins Recht setzt: Gott ist immer und überall, im Leben, Sterben und Tod der Menschen, so gegenwärtig, wie Jesus ihn verkündet hat: als bedingungslose, schöpferische, erbarmende, vergebende Vaterliebe. Was Jesus durch Wort und Tat in Gleichnissen zur Darstellung brachte, hat Gott mit der Auferweckung des Gekreuzigten in sein göttliches Leben als wahr bekräftigt. Die Auferweckung des Gekreuzigten ist Gottes Amen zur Gottesverkündigung Jesu. Gott ist so, wie Jesus von ihm sprach, und wie Jesus von ihm sprach, so ist er der Gott aller Menschen.

## II Vom Auferweckungsbekenntnis zur christlichen Theologie

**1**

Das Auferweckungsbekenntnis und seine Implikationen zu verstehen und zu durchdenken ist eine – wenn nicht die – zentrale Herausforderung christlicher Theologie. Diese ist wesentlich ein Durchdenken der Bilder, in denen sich der christliche Glaube artikuliert. Sie geht aber in die Irre, wenn sie nur – strittige – Sachverhalte diskutiert (was gesagt wird) und den – unstrittigen – Bekenntnischarakter des Χριστός ανέστη (wie es gesagt wird) ignoriert, also das αληθώς ανέστη bei der Analyse ausblendet und das Bild der Auferweckung als zweistelliges und nicht als dreistelliges Prädikat rekonstruiert. Es geht nicht nur um ein Geschehen zwischen Gott und Jesus, sondern zwischen Gott und den Menschen. Das Bekenntnis sagt nicht nur, dass Gott Jesus vom Tod auferweckt hat, sondern dass er das für alle Menschen und zum Heil seiner ganzen Schöpfung tut.

Der Wechsel zur präsentischen Rede ist hier unverzichtbar. Anders als die Kreuzigung Jesu ist die Auferweckung des Gekreuzigten kein geschichtliches Ereignis in der Kette der Ereignisse unserer Erfahrungswelt. Sonst wäre Gott ein erfahrbarer Akteur in unserer Erfahrungswelt – aber keiner hat Gott je gesehen (Joh 1,19)! – und die Auferweckung würde mit jedem Tag zu einer ferneren Vergangenheit. Sie ist vielmehr die theologische Kurzformel für das göttliche Geschehen, durch das Gott sich in der Schöpfung als Schöpfer, Retter und Vollender seiner Schöpfung erschließt, indem er am Ort des gekreuzigten Nazareners seine Schöpferkraft als die Kraft seiner Liebe zur Wirkung bringt, aus Übel Gutes, aus dem Tod Leben, aus dem Nichts Sein, aus dem Vergangenen Zukunft zu schaffen. Eben diesen schöpferischen Offenbarungsakt wiederholt er durch den Wechsel vom Unglauben zum Glauben am Ort derer, die in Jesu Leben und Sterben Gott am Werk sehen und ihn deshalb als Christus bekennen. Gottes Liebe eignet ein unerschöpflicher Überfluss an Schöpferkraft, die den Anfang und das Ende alles Geschaffenen übersteigt und sich im Neuwerden und der Neuorientierung eines Lebens je konkret erschließt.

Das Erschließungsgeschehen der Gegenwart Gottes ist daher immer ein Geschehen in der Gegenwart, das man nicht aus zweiter Hand, sondern nur aus erster Hand kennen kann. Immer geht es um Gottes Heilswirken, immer um alle Menschen, immer um die Gegenwart von Gottes Liebe im konkreten Leben eines Menschen, immer darum, dass in Leben, Sterben und Tod mehr geschieht, als erlebt und erfahren wird, weil Gott auch dort gegenwärtig und am Werk ist, wo wir nichts mehr erleben und erfahren können.

Es gibt kein Leben, für das das nicht gelten würde, aber Gottes Gegenwart ist kein Phänomen, das in die Augen springt. Sie lässt sich nicht als ein besonderes Phänomen aufweisen oder aus den Lebensphänomenen herausdestillieren. Sie ist kein Phänomen unter Phänomenen, sondern das, ohne das es keine Phänomene gäbe und geben könnte. Das muss man nicht bejahen, um in der Erfahrungswelt der Phänomene erfolgreich leben zu können. Aber man kann es auch nicht bestreiten, ohne sich in pragmatische bzw. existenzielle Selbstwidersprüche zu verwickeln. Wer von ihr spricht, nimmt sie in Anspruch, und wer sie bestreitet auch. Sie ist damit der Standpunkt, von dem her – wenn man darauf achtet –

alle Phänomene noch einmal einen anderen Sinn erhalten als den, den sie im menschlichen Leben von sich aus haben. Im Leben geschieht mehr, als wir erleben oder erfahren, weil Gott in ihm wirksam und gegenwärtig ist.

Das gilt auch für das Kreuz. Gottes schöpferische Präsenz selbst im Tod verleiht dem Kreuz einen mehrfachen Sinn. Es ist nicht nur ein geschichtliches, politisches, juristisches, biographisches Ereignis. Es markiert nicht nur historisch das Lebensende des Gekreuzigten (Jesus ist so tot, wie wir tot sein werden), sondern soteriologisch seinen Eingang in das Leben Gottes (Christus lebt so mit Gott, wie es auch uns möglich ist, wenn wir uns nicht verweigern). Am Kreuz zeigt sich so, was hermeneutisch für alle Phänomene gilt: Sie haben ihren erfahrbaren historischen, politischen, kulturellen Sinn im Erfahrungshorizont der Schöpfung, aber darüber hinaus sind sie auch der Ort des Wirkens des Schöpfers, und der Schöpfer wirkt zum Wohl seiner Geschöpfe, ob diese sich darum kümmern oder nicht.

Das Auferweckungsbekenntnis spricht daher nicht nur von Jesus, sondern von allen Menschen, ja allen Geschöpfen, weil es von Gott spricht. Gott – das bekräftigt das ἀληθῶς ἀνέστη – ist unwiderruflich so, wie er sich am Kreuz erwiesen hat: Gottes schöpferische Liebe bleibt auch im Tod wirksam gegenwärtig und gibt den Toten Teil an seinem göttlichen Leben. Deshalb nennen Christen Jesus ‚Christus‘, ‚Herr‘ oder ‚Sohn Gottes‘: Er ist der, den Gott als ersten von allen von den Toten auferweckt und zu dem gemacht hat, der vor Gott für die Menschen eintritt. Nicht sie selbst, sondern der Auferweckte und damit allein Gott selbst ist der Grund und Garant dafür, dass nichts und niemand sie trennen kann von Gottes Liebe. Deshalb ist Paulus gewiss, „dass weder Tod noch Leben, weder Engel noch Mächte noch Gewalten, weder Gegenwärtiges noch Zukünftiges, weder Hohes noch Tiefes noch irgendeine andere Kreatur uns scheiden kann von der Liebe Gottes, die in Christus Jesus ist, unserm Herrn" (Röm 8,38–39). Deshalb hoffen Christen, dass das, was dort geschah, auch für alle anderen Menschen wahr werden kann und wird: Alle Menschen sind Adressaten der Liebe Gottes und dazu bestimmt, mit Gott zu leben. Gott macht sich eins (nicht gleich!) mit ihnen, weil er auf ewig ihr Schöpfer ist und sie für immer seine Geschöpfe sind. Deshalb ist der Gott, zu dem sich die Christen bekennen, kein anderer als der Gott Jesu und der Gott Israels: „der Gott, der Jesus auferweckte", hat sich „durch sein auferweckendes Handeln mit dem Gottesbild identifiziert [...], für das Jesus von Nazareth eingetreten war".[10] Und deshalb sind all diejenigen Christen, die durch das Bekenntnis zu Christi Auferweckung durch Gott zu einer neuen Gemeinschaft der Hoffnung für alle Menschen zusammengeführt werden – zu einer Gemeinschaft, die einzig und allein durch Gottes Heilswirken geschaffen ist, in der es also keine Rolle spielt, ob man Jude oder Grieche, Sklave oder Freier, Mann oder Frau oder was immer ist (Gal 3,28), und die sich daher nicht durch Abgrenzung von und Ausgrenzung von anderen definiert, sondern als Hoffnungsgemeinschaft für alle Menschen durch die Zuwendung zu ihnen und die Öffnung für sie. Nicht menschliche Identitäten, Qualitäten und Zugehörigkeiten, sondern allein Gottes Zuwendung definiert die Zugehörigkeit zu dieser Gemeinschaft, die eben deshalb radikal universal ist und für alle offensteht. Niemand ist ausgeschlossen, weil jeder nur durch Gott selbst eingeschlossen

---

10 Jürgen Becker, Das Gottesbild Jesu und die älteste Auslegung von Ostern, in Jesus Christus in Historie und Theologie. FS H. Conzelmann, hrsg. von Georg Strecker (Tübingen 1975), 105–126, 106.

wird. Wenn Christen das mit ‚Amen' bestätigen, bekräftigen sie, dass es nicht so ist, weil sie es glauben, sondern dass sie es glauben, weil es so ist. Das christliche Urbekenntnis der Auferweckung des Gekreuzigten ist das Bekenntnis zur schöpferischen Gegenwart der Liebe Gottes, die alles neu, gut, wahr und recht macht.

## 2

Im österlichen Zu- und Antwortruf Χριστός ανέστη – αληθώς ανέστη bewahrt sich die frühchristliche Erinnerung an den Ursprung des Christentums auf. Das Christentum begann mit Ostern, nicht mit Weihnachten. Die Festfolge des Kirchenjahrs mit seinem Anfang am 1. Adventssonntag widerspricht dem nur scheinbar. Das Osterfest war der Ursprung und ist die bleibende Mitte des christlichen Festkalenders. Daran erinnern jede Woche der Sonntag und jedes Jahr der liturgische Kalender, in dem Weihnachten als die Vorgeschichte und Pfingsten als die Nachgeschichte Ostern gefeiert werden. Ohne Ostern gäbe es weder Weihnachten noch Pfingsten noch irgendein anderes kirchliches Fest. Alle sind Ausstrahlungen von Ostern. Wie die Passionszeit auf Ostern hinführt, so wirft Weihnachten in der Adventszeit seine Schatten voraus. Ohne Weihnachten, kein Advent, ohne Ostern kein Weihnachten, ohne Passion kein Ostern. Weihnachten ist im Kern nichts anderes als Ostern rückwärts gelesen: Es setzt an jedem Punkt Ostern voraus.

Umgekehrt nicht. Ostern setzt das Kreuz voraus, das Kreuz die Gottesverkündigung Jesu, diese die Herkunft Jesu aus Israel. Während die Gottesverkündigung Jesu aber an Israel gerichtet war und das Anbrechen der guten Herrschaft Gottes sowie deren umstürzenden Auswirkungen auf die Situation des jüdischen Volkes zum Thema hatte, wurde diese

## II Vom Auferweckungsbekenntnis zur christlichen Theologie

Botschaft durch die Auferweckung des Gekreuzigten so universalisiert, dass allen Menschen durch die Vergegenwärtigung der Gegenwart Gottes in ihrem Leben die Möglichkeit eröffnet wird, in der Gemeinschaft mit Gott und allen, die zu dieser Gemeinschaft gehören, das zu werden, was sie als Gottes Geschöpfe sein können und sollen: wahrhafte Menschen. Jesu Orientierung an der Leitdifferenz Gott/Israel wird so durch die christliche Orientierung an der Leitdifferenz Gott/Menschheit ersetzt, das Evangelium Jesu für sein Volk zum Evangelium von Jesus Christus für alle Menschen konkretisiert.

### 3

Das ist keine Ausweitung dessen, was für Israel gilt, auf alle Menschen. Israel ist Israel durch seine Unterscheidung von den Völkern. Nur Israel gilt Gottes Verheißung, nicht den anderen. Die soziologische Unterscheidung zwischen Israel und den Völkern hat daher theologische Valenz.[11] Christen fügen sich nicht in diese Unterscheidung. Sie sind kein Israel, das auf alle Menschen ausgedehnt ist, so dass die davon unterschiedenen anderen gegen Null tendieren. Das wäre nur die Generalisierung einer Partikularität (Gottes Erwählung Israels), in der die Differenz zu den Völkern immer noch mitgesetzt ist. Doch die Differenz zwischen Christen und Nichtchristen ist keine generalisierte Form der Differenz zwischen Israel und den Völkern. Als soziologische Unterscheidung hat

---

11 Es sei aber daran erinnert, dass in Gen 1–3 alle Menschen und nicht nur die Mitglieder des Volkes Israel als Bildsäulen und Repräsentationsorte Gottes in der Schöpfung beschrieben werden. Die Sonderstellung Israels unter den Völkern wurde daher schon in der theologischen Tradition Israels in einen weiteren schöpfungstheologischen Horizont gestellt.

sie keine theologische Bedeutung. Wer die Christenheit mit dem Christentum gleichsetzt, muss sich mit Kierkegaard fragen lassen, wie man in der Christenheit eigentlich zum Christen wird.[12] Muss man das Christentum in die Christenheit aber erst einführen, wie er fordert, dann ist die soziologische Unterscheidung zwischen Christen und Nichtchristen in der Christenheit etwas anderes als die theologische Unterscheidung zwischen Christen und Nichtchristen im Christentum. Anders als die soziologische Unterscheidung taugt die theologische Unterscheidung nicht zur merkmalbasierten Unterscheidung verschiedener Gruppen von Menschen, sondern läuft durch jeden einzelnen Menschen hindurch: Jeder Christ war und ist auch Nichtchrist, und wenn jeder Mensch Christ sein kann, dann gilt das für jeden Menschen. Anders als die Unterscheidung zwischen Israel und den Völkern markiert die theologische Unterscheidung zwischen Christen und Nichtchristen keinen Unterschied in der Menschheit, sondern in der Art und Weise, wie Menschen sich zu Gottes Zuwendung zu den Menschen verhalten, sie dankbar anerkennen (Glauben) oder nichts von ihr wissen wollen (Unglauben). Und anders als im Fall Israels kann das Urteil über das Vorliegen des einen oder des anderen nicht durch Menschen, sondern nur durch Gott gefällt werden.

---

12 Der kulturelle Dominanzverlust der Christenheit wäre dann gleichbedeutend mit einem theologischen Signifikanzverlust des Christentums. Doch das ist ein Irrtum. Die Christenheit organisiert sich um Gottesbilder, die sich historisch wandeln. Sie ist daher ständig in Veränderung begriffen, sie gewinnt kulturellen Einfluss und sie verliert ihn. Das Christentum dagegen verdankt sich Gott, es verdankt sich Gott in allen kulturellen Konstellationen in derselben Weise, und es hat seine Pointe nicht darin, dass es als Christenheit kulturell dominiert. Vgl. dazu die Debatte um Chantal Delsol, La fin de la Chrétienté: L'inversion normative et le nouveau âge (Paris 2021).

## II Vom Auferweckungsbekenntnis zur christlichen Theologie

Die Konkretisierung des Evangeliums Jesu zum Evangelium von Jesus Christus ist deshalb keine Ersetzung der Unterscheidung zwischen Israel und den Völkern durch die zwischen Christen und Nichtchristen, sondern die Umstellung auf eine andere Grundunterscheidung, die zwischen Schöpfer und Geschöpf, und die darauf bezogene Unterscheidung der Einstellung der Menschen zu dieser Grundunterscheidung in Glauben und Unglauben, der Offenheit für die Gegenwart des Schöpfers oder der Blindheit ihr gegenüber. Es geht um keine neue Unterscheidung innerhalb der Schöpfung, sondern um die Überbietung aller Differenzen in der Schöpfung durch die Differenz zwischen Schöpfer und Schöpfung. Es gibt in der Schöpfung keine Diese oder Jene, kein Hier oder Dort, kein Oben und Unten, kein Früher oder Später, kein Ereignis und keinen Zustand, keine Leiden und keine Übel, denen der Schöpfer nicht nahe wäre. Und es gibt in der Schöpfung keine Höhe und keine Tiefe, keine Erde und keinen Himmel, die der Schöpfer nicht überragen würde.

### 4

Deshalb beschreibt der Christushymnus in Philipper 2[13] den Weg Jesu Christi hinab in die Abgründe der Schöpfung bis zum Tod als den Weg der Passion des Gekreuzigten, und seinen Weg hinauf als der erste Auferweckte Gottes als den Weg

---

13 Es ist strittig, ob der Textabschnitt Phil 2,6–11 in liturgischem oder literarischem Sinn ein Hymnus ist. Paulus scheint zur Begründung seiner Aufforderung, die Mitglieder der Gemeinde in Philippi sollten miteinander so umgehen, wie es Christus Jesus vorgelebt hat (Phil 2,5), ein in Philippi bekanntes Gottesdienstlied zu zitieren, das die Forschung weithin als Christuspsalm oder Christushymnus bezeichnet. Vgl. Otfried Hofius, Der Christushymnus Philipper 2,6–11. Untersuchungen zu Gestalt und Aussage eines urchristlichen Psalms (Tübingen ²1991). Ich werde im Folgenden auch

seiner Übererhöhung über alles Geschaffene im Himmel, auf der Erde und unter der Erde zum Mitherrscher Gottes. Es gibt nichts im Leben und im Tod, dem der Schöpfer nicht nahe wäre. Und es gibt keine Nähe des Schöpfers, die nicht durch die sich entäußernde Liebe zu den Nächsten geprägt wäre, die Jesus gelebt hat und die durch seine Auferweckung in das ewige Leben des Schöpfers als dessen unveränderliches Wesen erwiesen wird. Der Gott, der Jesus von den Toten auferweckt hat, ist die Liebe, die alles neu macht und zurechtbringt, indem sie Leben aus Tod, Gutes aus Übel, Gemeinschaft aus Trennung, Freundschaft aus Feindschaft, Sein aus Nichts schafft. Und Jesus, den Gott von den Toten erweckt und zum Christus gemacht hat, ist die gelebte Konkretisierung und Offenbarung dieser Liebe Gottes und ihrer wirksamen Gegenwart bei den Geschöpfen.

Nicht Jesus also steht im Zentrum des christlichen Kernbekenntnisses, sondern seine Konkretisierung der Zuwendung Gottes zu den Menschen in ihren Nöten, die ihn als Christus ausweist. Nicht Gottes Gegenwart in Jesu Leben ist deshalb theologisch entscheidend, sondern sein Lebenszeugnis für die Gegenwart der Liebe Gottes im Leben seiner Mit-

---

diese Bezeichnung verwenden und offenlassen, ob Paulus einen ihm vorgegebenen Text aufgreift, ihn in Teilen ergänzt oder ganz selbst verfasst hat. Angela Standhartinger, Der Philipperbrief (Tübingen 2021), hat jüngst mit guten Argumenten für eine vorpaulinische Herkunft dieses Textes plädiert, der „vielfältige Einflüsse aus seiner jüdischen und hellenistisch-römischen Umwelt" reflektiere (167). Der Textabschnitt steht im Kontext einer Ermahnung der Gemeinde in Philippi, die verschiedenen Tätigkeiten in der Gemeinde nicht gegeneinander auszuspielen, sondern gemeinsam den Gehorsam gegenüber Christus in einer Gesinnung zu praktizieren, die sich an Jesus Christus als Vorbild orientiert und in Demut und Dienst den Glauben an Christus aus der Freude am Evangelium lebt.

menschen. Auch die Evangelien unterstreichen das. Sie sind keine Jesus-Biografien, sondern Christus-Erzählungen. Jesus nimmt nicht sich selbst wichtig, sondern Gottes gute Gegenwart, und er tut es nicht für sich, sondern für die anderen. Wer auf den Jesus der Evangelien blickt, sieht die leidenden Menschen, für die er sich einsetzt, und wer auf ihn als Christus blickt, sieht in allem Gottes Liebe am Werk, die aus Leiden und Tod Leben und Heil schafft. Nicht Jesus für sich genommen ist daher wichtig, sondern Gott und die anderen. Wenn Johannes auf dem Isenheimer Alter auf den Gekreuzigten verweist, dann verweist er auf den, der nicht auf sich, sondern von sich weg auf Gott und die anderen verweist. Das ist Jesu Lebenszeugnis. Daher wird er ‚Christus' genannt. Daher sprechen Christen von ‚Gott' und nicht von einem ‚christlichen Gott'. Daher ist das Christentum keine Partikularreligion für Christen, sondern das universale Zeugnis für alle Menschen von Gott dem Schöpfer und der Welt als seiner Schöpfung. Darum geht es in der Christologie. Und darum geht es auch im christologischen und im trinitarischen Dogma.

5

Beide gehören unlöslich zusammen. Wie die „altkirchliche Trinitätslehre [...] der auf Gott bezogene Ausdruck der christologischen Einheit von Gott und Menschen"[14] ist, die erschließt, dass Gott der Gegenwart seiner menschlichen Geschöpfe als schöpferische Liebe gegenwärtig ist, so wird die Gegenwart dieser Liebe Gottes im Blick auf uns im christologischen Dogma ausgesagt. Dieses unterstreicht, dass nicht eine Christologie, also ein Produkt menschlichen Nachden-

---

14 Eberhard Jüngel, Thesen zur Grundlegung der Christologie Nr. 6.41, Theologische Erörterungen I (Tübingen ³2000), 278.

kens, sondern Jesus Christus, also die Selbstvergegenwärtigung Gottes als Liebe im Leben der Menschen, maßgeblich ist für den christlichen Glauben an Gott. Nicht im Denken, sondern im Leben entscheidet sich die Gottesfrage, die Argumente dafür oder dagegen kommen immer erst an zweiter Stelle. Nicht sie machen deutlich, dass und inwiefern ‚Gott' ein „*erfreuliches Wort*"[15] *für alle Menschen ist*, sondern das Ereignis der Auferweckung des Gekreuzigten, um das es im Auferweckungsbekenntnis geht. „Wer und was Gott ist", so hat Eberhard Jüngel betont, „ist allererst in der Einheit Gottes mit Jesus bestimmbar".[16] Und dasselbe gilt für das Menschsein.[17] „Der altkirchliche, scholastische und altprotestantische Ansatz, von einem unabhängig von dieser eschatologischen Einheit von Gott und Jesus gewonnenen Verständnis des göttlichen und des menschlichen Wesens her die christologische Einheit von Gott und Mensch zu bestimmen, ist zu überwinden."[18] Man sollte nicht von anderem her auf Jesus Christus, sondern vom Ereignis der Einheit Gottes mit Jesus her auf Gott, Welt und Menschsein blicken. Im Ereignis der Identifizierung mit dem Gekreuzigten hat Gott sich als Gott bestimmt, und deshalb ist Gott auch für uns nur von dort her als Gott „zu begreifen und zu bestimmen".[19] Gott ist so, wie Jesus ihn durch Wort und Tat, durch sein Lehren, Leben, Leiden und Sterben bezeugt hat. Das bestätigt die Auferweckung des Gekreuzigten, dazu bekennen sich Christen im Osterbekenntnis und das kommunizieren sie als Evangelium von

---

15 A. a. O., Nr. 6.7, Theologische Erörterungen I, 278.
16 A. a. O., Nr. 3.42, Theologische Erörterungen I, 276.
17 A. a. O., Nr. 3.43, Theologische Erörterungen I, 276.
18 A. a. O., Nr. 3.41, Theologische Erörterungen I, 276.
19 A. a. O., Nr. 6.43, Theologische Erörterungen I, 278.

Jesus Christus. Die Trinitätslehre entfaltet dieses Evangelium im Hinblick auf Gott, indem sie darlegt, dass sich Gott (Vater) als Gott (Sohn) für uns nur durch Gott selbst (Geist) vergegenwärtigt, Gott also stets und ausschließlich selbst das Ereignis, der Sinn und das Medium seiner Vergegenwärtigung ist. Und das christologische Dogma konkretisiert das, indem es klarstellt, dass auch im Hinblick auf uns nicht Jesus, sondern Gott der eigentliche Akteur ist. Er hat nicht etwas gemacht, was wir nachahmen können, sondern ihm ist etwas widerfahren, was auch jedem anderen widerfahren kann. Das Heil besteht nicht darin, es Jesus nachzutun und wie Jesus zu handeln: das würde den Großteil der Menschheit vom Heil ausschließen, weil sie von Jesus nichts wissen, nichts wissen konnten oder nichts wissen wollen. Es besteht vielmehr darin, wie der Gekreuzigte nichts zu tun, sondern allein Gott wirken zu lassen und alles Gute allein von Gott zu erhoffen. Leben aus dem Tod gibt es allein durch Gott und ohne jede Mitwirkung der Toten. Nur deshalb ist es gewiss, auch wenn man zweifelt, und nur deshalb ist es universal und gilt für alle. An jedem Punkt ist daher theologisch von Gott auszugehen, und Gott ist als Gott nur dort zugänglich, wo er sich als schöpferische Liebe und damit als Gott für uns ereignet und erschließt: in der Auferweckung des Gekreuzigten.

Christen orientieren sich also nicht einfach am Evangelium Jesu, sondern am Evangelium von Jesus Christus. Sie wiederholen nicht nur die Botschaft Jesu, glauben also auf seine Autorität hin, was Jesus geglaubt hat. Sie glauben an Gott, der Jesus als ersten von allen vom Tod in sein Leben auferweckt hat. Nicht Jesus ist der Begründer ihrer Religion, sondern Gott. Jesus ist der *crucifixus*, der am Kreuz ermordet wurde. Das teilt er mit vielen anderen. Aber ihn hat Gott als Verheißung und Versprechen für alle anderen aus dem Tod in

## II Vom Auferweckungsbekenntnis zur christlichen Theologie

sein Leben auferweckt, damit er dort für die anderen eintrete. Deshalb wird er erinnert, und deshalb wird auch seine Gottesbotschaft nicht vergessen. Es geht nicht allein um Jesus, sondern es geht um das, was Gott in und durch Jesus für alle tut.

Die ganze christliche Theologie ist dementsprechend „wesentlich *theologia crucifixi*"[20], versteht also Gott, Jesus, die Welt und alles Übrige vom Kreuz her. Indem sie Jesus als *crucifixus* und Gott, die Menschen und die Welt vom *crucifixus* her denkt, denkt sie Gott als die schöpferische Liebe, die Leben aus dem Tod, Gutes aus Üblem, Sein und Nichtsein schafft, sie denkt die Menschen als Geschöpfe, die sich ganz Gottes Zuwendung verdanken, und sie denkt die Welt als Gottes Schöpfung, die Gott nicht sich selbst überlässt, sondern in der er überall helfend, erhaltend, das Gute aufbauend und das Üble eindämmend und abbauend am Werk ist. Sie tut das nicht, weil sonst von Gott nichts zu wissen oder zu sagen wäre, sondern weil erst die Einheit Gottes mit dem gekreuzigten Jesus durch den Geist eschatologisch endgültig erschließt, wer und was Gott *für uns* und alle anderen Menschen ist: erbarmende, rettende, befreiende, tröstende, schöpferische Liebe, und was die Welt deshalb letztlich ist und ewig gewesen sein wird: die Schöpfung, in der sich der Schöpfer so seinen Geschöpfen vergegenwärtigt, dass sie sich als Gottes Geschöpfe, Gott als ihren Schöpfer und ihre Welt als Gottes Schöpfung verstehen und entsprechend leben und sterben können.

---

20 Eberhard Jüngel, Das Sein Jesu Christi als Ereignis der Versöhnung Gottes mit einer gottlosen Welt: Die Hingabe des Gekreuzigten, Theologische Erörterungen II (Tübingen ³2002), 278.

## II Vom Auferweckungsbekenntnis zur christlichen Theologie

### 6

Folgt christliche Theologie der durch das trinitarische und das christologische Dogma gewiesenen Spur, dann wird sie das, was sie im Kern immer war: evangelische Theologie. Sie bleibt das auch im Umgang mit den altkirchlichen Dogmen, wenn sie deren Geltung nicht als kirchliche Setzung hinnimmt (das wäre ekklesialer Dogmatismus) oder von der Bestätigung derzeitiger Sensibilitäten abhängig macht (das wäre zeitgeistiger Opportunismus), sondern sie kritisch an der Wahrheit misst, die sich in der Auferweckung des Gekreuzigten erschließt. Sie geht mit den Dogmen also nicht nur historisch-kritisch, sondern *theologisch*-kritisch um, misst das chalcedonensische Dogma also an dem, was im Auferweckungsbekenntnis bekannt wird: dass sich das Heil *allein Gott* verdankt, und dass es eben deshalb uneingeschränkt Heil *für alle* ist.

Dogmen sind daher niemals nur die Vorgabe und der Ausgangspunkt, sondern stets einerseits Resultat und andererseits Herausforderung und Aufgabe theologischen Nachdenkens.[21] Sie verstehen sich nicht von selbst, sondern sind an die im Auferweckungsbekenntnis bekannte Gegenwart der

---

21 Das zu unterschätzen ist bei aller Scharfsinnigkeit im Detail der entscheidende Mangel an den Arbeiten von Oliver Crisp, Divinity and Humanity: The Incarnation Reconsidered (Cambridge 2007); God Incarnate: Explorations in Christology (New York 2009) und The Word Enfleshed: Exploring the Person and Work of Christ (Grand Rapids 2016). Er setzt den inkarnationstheologischen Ansatz des Chalcedonense dogmatisch als nicht zu hintergehenden Ausgangspunkt christologischer Reflexion und sieht daher nur die analytische Aufgabe, diesen logisch überzeugend zu explizieren, aber nicht die hermeneutische Herausforderung, ihn vor dem Hintergrund anderer Möglichkeiten als den überzeugenderen christologischen Ansatz auszuweisen. Damit überschätzt er die Funktion und theologische

schöpferischen Liebe Gottes zurückzubinden und an ihr zu prüfen, ehe sie als gültig vertreten werden können. Ihre Sätze formulieren keine theologischen Wahrheiten, sondern sind die Grammatik, um theologisch Wahres sagen zu können. Diese Grammatik nur zu wiederholen, ist theologisch zu wenig. Wer die Regeln nennt, hat noch nichts gesagt, was sich mit ihnen beurteilen ließe. Man muss sie gebrauchen, um das Evangelium von der lebensschaffenden Gegenwart von Gottes Liebe im Leben und im Tod verständlich zur Sprache zu bringen. Und das muss jede Zeit auf ihre Weise und in eigener Verantwortung tun. Solange sie das ermöglichen, haben Dogmen ihr Recht. Wenn sie das behindern oder verhindern, sind die Dogmen zu korrigieren und nicht das Evangelium von der Gegenwart von Gottes Liebe im Leben der Geschöpfe. Dogmen legen das Evangelium aus und das Evangelium nicht die Dogmen. Ihre dogmatische Bedeutung verdanken Dogmen ihrer theologischen Relevanz als zustimmungsfähige Auslegungen des Evangeliums und nicht umgekehrt. Sie gelten, weil sie die Wahrheit zu erkennen und zu bekennen ermöglichen. Aber sie sind nicht selbst die Wahrheit, auf die sich der Glaube richtet und an der sich das christliche Leben ausrichtet.

Als Produkte theologischer Reflexion und kirchlicher Entscheidung sind Dogmen immer das Zweite und nicht das Erste. Die Wahrheit ereignet sich im Leben, das Denken kann das erfassen oder verfehlen und die Menschen können sich irren, wenn sie behaupten, das eine sei wahr und das andere falsch. Das gilt für die Theologie. Und das gilt für die Dogmen der christlichen Kirche. Was Menschen denken, sagen, ent-

---

Relevanz des Dogmas und unterschätzt die Bedeutung alternativer Ansätze christologischer Reflexion in der Schrift.

scheiden und festlegen, ist irrtumsanfällig, stets verbesserungsfähig und selten nicht verbesserungsbedürftig. Das aber kann man nur sagen, weil die Wahrheit anders ist. Das hat Nietzsche unterschätzt, wenn er alles unter den Begriff der Interpretation und damit der deutenden Meinung subsumiert.[22] Die Wahrheit ist nicht nur eine Meinung unter anderen. Sie ist autoritative Selbst-Interpretation, sie bringt sich selbst zur Geltung, und sie tut das in jedem Leben auf eine Weise, die diesem eben angemessen ist. Die Kommunikation des Evangeliums sorgt dafür, dass dies bemerkt und verstanden werden kann.[23] Ihretwillen gibt es die Kirche. Sie prüft ihre Evangeliumskommunikation im Rekurs auf die Schrift. Und dazu bedarf sie der Theologie. Diese kann dem Evangelium immer nur nachdenken, aber sie kann es durch ihre Argumente und Überlegungen nicht ersetzen. Sie wird durch das Ereignis der Wahrheit möglich und aufgrund des Falsch- und Missverstehens der Wahrheit nötig, aber sie tritt nicht an deren Stelle. Der Glaube lässt sich nicht aufheben in einen Begriff des Glaubens, das Leben lässt sich nicht ersetzen durch eine Beschreibung des Lebens, und die Wahrheit des Lebens lässt sich nicht einfangen in wahren Sätzen über das Leben. Sie muss gelebt werden. Und das wird sie, wenn sie das Leben auf die Gegenwart der Liebe Gottes hin orientiert, die in ihm am Werk ist.

---

22 Vgl. zum Problem der Interpretation Ingolf U. Dalferth, Die Kunst des Verstehens, Grundzüge einer Hermeneutik der Kommunikation durch Texte (Tübingen 2018), 107–134.
23 Das Evangelium kommuniziert sich immer nur selbst, auch wo es von Menschen kommuniziert wird. Wird darauf mit ‚Amen' geantwortet, gilt das der Wahrheit des Evangeliums und nicht der Vertrauenswürdigkeit der Menschen, die es kommuniziert haben.

# III  Das christologische Dogma

**1**

Am 22. Oktober 451 fällte das von Kaiser Markian einberufene Konzil von Chalcedon eine Entscheidung, deren Folgen die christliche Theologie bis in die Gegenwart beschäftigen. In seiner 5. Sitzung nahm das Konzil an diesem Tag eine Definition des rechten Christusbekenntnisses an, die damit reichsweite (nicht christentumsumfassende!) Verbindlichkeit erhielt. Kernpunkt dieser Definition ist die Formel von den zwei Naturen Jesu Christi – seiner vollkommenen Gottheit und vollkommenen Menschheit (τέλειον [...] ἐν θεότητι, καὶ τέλειον [...] ἐν ἀνθρωπότητι) –, die sich ohne Aufhebung ihrer Differenzen unvermischt, unveränderlich, ungetrennt, unteilbar (ἀσυγχύτως, ἀτρέπτως, ἀδιαιρέτως, ἀχωρίστως) in einer Person und Hypostase vereinigen (εἰς ἓν πρόσωπον καὶ μίαν ὑπόστασιν συντρεχούσης). Jesus Christus ist wahrhaft Gott und wahrhaft Mensch (θεὸς ἀληθῶς καὶ ἄνθρωπος ἀληθῶς), nämlich der Gottheit nach dem Vater wesensgleich und der Menschheit nach uns wesensgleich in allem außer der Sünde (ὁμοούσιον τῷ πατρὶ κατὰ τὴν θεότητα, καὶ ὁμοούσιον τὸν αὐτὸν ἡμῖν κατὰ τὴν ἀνθρωπότητα, κατὰ πάντα ὅμοιον ἡμῖν χωρὶς ἁμαρτίας).[24] Damit war formuliert, was man seither zu denken sucht. Und um zu wissen, um was man sich da denkend bemüht, ist die Frage zu klären, was mit der Definition von Chalcedon formuliert wurde.

---

24  DH 301–302.

## III Das christologische Dogma

Man wird diese Frage nicht nur auf einer Ebene und in einer Hinsicht beantworten können, wie ein Blick auf die komplexe Vor- und Nachgeschichte dieses Textes deutlich macht.[25] Es ist klar, dass ein inkarnationstheologischer Ansatz vertreten wird, Jesus Christus also als Ereignis der Menschwerdung Gottes und sein Menschsein als Neuschöpfung der Menschheit durch Einbeziehung in das Leben Gottes verstanden wird. Doch um die Definition von Chalcedon richtig zu verstehen, sind zwei Sachverhalte zu berücksichtigen.

### 2

Zum einen ist die Definition von Chalcedon *kein Bekenntnis*, sondern eine übereinstimmend vertretene *Lehre vom Bekennen*, die Lehre nämlich, wie ‚unser Herr Jesus Christus als ein und derselbe Sohn zu bekennen ist' (ὁμολογεῖν υἱὸν τὸν κύριον ἡμῶν Ἰησοῦν Χριστὸν συμφώνως ἅπαντες ἐκδιδάσκομεν).[26] Worin besteht der Unterschied? Ein *Bekenntnis* antwortet auf die Verkündigung des Evangeliums, wenn diese Glauben weckt (Röm 10,9.14 f.). Eine *Lehre*, wie zu bekennen ist, antwortet auf Missverständnisse, unzutreffende Bekenntnisse und Irrlehren des Glaubens bzw. auf Auseinandersetzungen um das rechte Verständnis des Glaubens – und zwar nicht auf irgendwelche, sondern jeweils auf ganz bestimmte in einer bestimmten Situation.

Welche das im Fall des Chalcedonense sind, wird im *Prooemium definitionis* ausführlich rekapituliert.[27] Die dort

---

25 Vgl. Reinhart Staats, Das Glaubensbekenntnis von Nizäa-Konstantinopel. Historische und theologische Grundlagen (Darmstadt ²2000).
26 DH 301.
27 DH 300.

genannten und aufgezählten konziliaren Entscheidungen und irreführenden Lehrauffassungen sind der konkrete Hintergrund dessen, was die Definition formuliert. Will man deren Pointe verstehen, muss man sie vor diesem Hintergrund verstehen. Ändert sich dieser Hintergrund oder geht es in christologischen Auseinandersetzungen nicht um die dort genannten Fragen, gibt die Formel von Chalcedon auch keine verbindliche Antwort. Sie ist aus ihrem Problemkontext zu verstehen. Wird sie aus diesem abstrahiert und anders kontextualisiert, mag sie noch immer interessante Fragen aufwerfen und wichtige Gedankengänge auslösen, aber sie hat keine dogmatische Verbindlichkeit im ursprünglichen Sinn mehr. Sie ist keine zeitlose, sondern eine sehr zeitbedingte Feststellung dessen, wie angesichts der im 5. Jahrhundert die Kirche im römischen Kaiserreich erschütternden Auseinandersetzungen um das rechte Verständnis des christlichen Glaubens öffentlich von Jesus Christus zu reden und zu lehren ist, wenn der christliche Glaube nicht falsch verkündet und missverständlich kommuniziert werden soll.

Nur deshalb – und das ist das andere – kann die *definitio* in eine *sanctio* münden, eine juristische Verfügung, derzufolge „keiner einen anderen Glauben vortragen, niederschreiben, verfassen oder anders denken und lehren darf ..."[28] – jedenfalls nicht in der Kirche des römischen Kaiserreichs. Das ist eine – nach dem Konzil polizeilich verschärfte[29] – Regel für Kleriker und theologische Lehrer, also Amtsträger und Lehrer der Kirche, für die öffentliche Praxis des christlichen Glaubens im römischen Reich. Die chalcedonensische Entschei-

---

28 DH 303.
29 Vgl. Adolf v. Harnack, Lehrbuch der Dogmengeschichte, Band II (Tübingen ⁴1909; Darmstadt 1964), 395, Anm. 2.

dung legt nicht den christlichen Glauben fest oder den Inhalt des christlichen Bekenntnisses oder den Wortlaut, in dem der Glaube zu bekennen ist, sondern die *Art und Weise, wie der Glaube im römischen Reich öffentlich gelehrt und vertreten werden soll*. Nicht der Glaube oder das Bekenntnis, sondern das rechte, nämlich öffentlich verbindliche *theologische Verständnis* und die rechte, nämlich öffentlich zu vertretende *Lehre* des Glaubens werden normiert.

**3**

In pragmatisch-funktionaler Hinsicht wurde damit ein normativer Sachverhalt geschaffen. Dessen Verbindlichkeit erstreckt sich auf das öffentliche kirchliche Leben und Lehren im römischen Reich, auf die offizielle Staatsreligion also. Insofern die *sanctio* aber die *definitio* des Konzils auch für die theologische Reflexion als maßgebliche Regel einschärft, erhält deren normative Verbindlichkeit in folgenreicher Weise noch einen weiteren Ort. Die durch kaiserliche Sanktion zur Wahrung der Einheit der Staatskirche im römischen Kaiserreich verfügte verbindliche Regelung der öffentlichen Religionspraxis wird zur *theologisch verbindlichen kirchlichen Lehrregel*, die auch nach dem Zusammenbruch des Kaiserreiches und seiner Rechtsnachfolger in Geltung bleibt, weil sie nicht nur religionspolitisch als Norm zu Wahrung der Glaubenseinheit der Kirche im Reich verstanden wird, sondern *theologisch* als normative Festlegung der Wahrheit des Glaubens.

Die Normativität des Chalcedonense war damit von Anfang an mehrdeutig, nämlich einerseits die Verbindlichkeit einer religionspolitischen Rechtsregelung, andererseits die Verbindlichkeit einer Einsicht in die Wahrheit des Glaubens. Aus Sicht der Kirche war das zweite der Sachgrund des ersten.

III Das christologische Dogma

Deshalb konnte das Chalcedonense Dogma der Kirche bleiben, auch als es kein Dogma des Reiches mehr war, weil es dieses nicht mehr gab.

Beides, die Verbindlichkeit einer religionspolitischen Rechtsregelung und die Verbindlichkeit einer Einsicht in die Wahrheit des Glaubens sind aber wohl zu unterscheiden. Während die chalcedonensische Rechtsregelung für die Kirche im römischen Reich kategorisch gilt: So und nicht anders ist von Christus öffentlich zu lehren und der christliche Glaube öffentlich zu bekennen, kann das chalcedonensische Dogma als theologische Regel immer nur hypothetisch gelten: *Wenn* die theologischen Voraussetzungen und Argumente des Konzils zutreffen, dann ist christlich von Christus so zu lehren. *Ob* sie zutreffen, ist aber immer wieder kritisch zu prüfen, wenn man den christlichen Glauben bekennen und ihn theologisch verstehen will. Kirchliche Dogmen sind theologische Dogmen und diese zeichnen sich religions(politischen) Dogmen gegenüber dadurch aus, dass sie nicht befolgt werden müssen, weil es sie gibt und sie gelten, sondern dass sie nur zu befolgen sind, wenn sie richtig sind und Wahres zu sagen ermöglichen. Um das entscheiden zu können, müssen sie geprüft werden. Religionspolitische Dogmen regulieren nicht den Glauben, sondern die öffentliche Lehre und das gemeinsame Leben der Christen. Sie sind Lehr- und Lebensnormen, keine Glaubensnormen. Aber auch theologische Dogmen sind keine Glaubensnormen. Sie sind nicht verbindlich, weil sie in einem legitimen Verfahren in Geltung gesetzt wurden, sondern wenn und insofern zutrifft, was sie beanspruchen: dass sie eine verbindliche Einsicht in die Wahrheit des Glaubens formulieren und deshalb Missverständnisse verhindern und rechtes Verstehen befördern können. Das aber ist theologisch immer erst zu prüfen. Nicht das

## III Das christologische Dogma

Dogma ist die Norm des Glaubens und des theologischen Denkens, sondern das Dogma und die Theologie sind an der Norm des Glaubens zu messen. Diese aber ist nach gemeinchristlicher Auffassung allein das *Evangelium*, also Gottes Wort, wie es in der Schrift bezeugt wird. Und deshalb ist reformatorischer Theologie zufolge *allein die scriptura* die Norm theologischen Denkens und damit auch die Norm, an der je und je zu prüfen ist, ob und inwiefern das Dogma Verbindlichkeit beanspruchen kann.[30]

### 4

Kategorisch verbindlich ist für Christen allein Gottes Wort, das in Jesus Christus manifest wurde und als Evangelium verkündet wird. Für dieses aber sind zwei Aspekte wesentlich.

Zum einen ist seine kategorische Verbindlichkeit nicht die eines unbedingten Sollens, sondern einer bedingungslosen Zusage. Es sagt nicht ‚Das und das ist zu akzeptieren oder zu tun', sondern ‚Das tue ich für Dich. Willst Du dich darauf nicht einlassen?' Anders gesagt: Es ist die kategorische Verbindlichkeit nicht eines Gesetzes, sondern des Evangeliums. Dessen sprachliche Gestalt ist nicht das Gebot, sondern die apostolische Bitte: „Wir bitten an Christi Statt: Lasst euch versöhnen mit Gott" (2Kor 5,20). Diese Bitte appelliert an die Einsicht, der Versöhnung mit Gott zu bedürfen, die dieser von sich aus will und ohne Vorbedingungen vollzieht, und sie gewinnt ihre Verbindlichkeit nur dadurch, dass diese Einsicht frei zustande kommt. Zwar gilt Gottes Zusage auch dort, wo sie nicht beachtet wird. Aber verbindlich für jemand wird sie allein durch die geistgewirkte Einsicht, in der einem Men-

---

[30] Vgl. Ingolf U. Dalferth, Wirkendes Wort: Bibel, Schrift und Evangelium im Leben der Kirche und im Denken der Theologie (Leipzig 2018).

schen gewiss wird, dass sie ihm gilt, so dass er mit ‚Amen' antworten kann.

Zum anderen – das ist durch den Verweis auf den Geist schon angeklungen – ist Gottes Wort für uns unverfügbar. Gottes Wort ist Gott selbst, wie er sich uns als unser Gott und Vater verständlich macht.[31] Zu Gottes Wort gehört daher unauflöslich sowohl Gottes lebensspendende Gegenwart, die sich selbst als solche erschließt, als auch der konkrete Adressat, an den es sich richtet und für den es Gottes Wort ist. Nur dadurch, dass *Gott selbst* sich vergegenwärtigt, ist es *Gottes Wort*, und nur in dieser *Für-Relation* ist es Gottes Wort. Nur *in* dieser Für-Relation und damit *von den betroffenen Adressaten* ist es deshalb auch als solches verstehbar und aussagbar. Die aber können es nur als das zur Sprache bringen, was sie ohne ihr Zutun *als Gottes Wort betrifft*, was ihnen widerfährt und ihnen Gottes Willen deutlich macht. Auf Gottes Wort kann man sich deshalb nur berufen, wenn man sich auf das beruft, was für einen selbst als Gottes Wort existenzielle (oder lebenspraktische) Verbindlichkeit hat. Das ist Gottes Wort (d. h. das Wort meines Gottes an mich), aber mich geht das nichts an, ist ein pragmatischer Selbstwiderspruch.

Wie Gottes Wort ist damit auch seine *Verbindlichkeit* für uns unverfügbar. Gottes Wort erweist sich nur selbst als verbindlich, indem es sich dem Gewissen eines Menschen imponiert. Diese nur von ihm selbst zu schaffende Verbindlichkeit können wir durch keine von uns geschaffene (dogmatische, kirchliche, rechtliche) Verbindlichkeit unter Kontrolle nehmen: Sie ist freier Zufall und von uns nicht regulierbar. Wir können uns deshalb theologisch auch nicht auf Gottes

---

31 Vgl. Marianne Meye Thompson, The God of the Gospel of John (Grand Rapids 2001), Kap. 2 und 3.

## III Das christologische Dogma

Wort, sondern nur auf das menschliche Zeugnis von Gottes Wort beziehen, und zwar *methodisch* im Nachdenken über den Glauben auf dasjenige Zeugnis, das von der Kirche für die Kirche als maßgeblich akzeptiert wird: die *Schrift*. Deshalb ist nicht das Dogma, sondern die Schrift die Norm, an der sich theologisches Denken und damit auch die theologische Prüfung des chalcedonensischen Dogmas auszurichten haben, aber auch die Schrift nicht als bloße Sammlung kirchlich appropriierter Schriften, sondern als hermeneutischer Spielraum der Texte, in denen Gottes Evangelium verstehbar und nachvollziehbar bezeugt wird. Die Schrift ist nicht verbindlich, weil die Kirche sie als Norm akzeptiert, sondern sie akzeptiert sie als Norm, weil sie das Evangelium verbindlich bezeugt.

### 5

Zwischen der hypothetischen Verbindlichkeit des Dogmas als gemeinsam vertretener theologischer Einsicht in die Wahrheit des Glaubens und seiner kategorischen Verbindlichkeit als religionspolitischer Reichsregel ist also zu unterscheiden. Das ist meist nicht in zureichender Weise geschehen. Nicht aufgrund der Unbefragbarkeit oder Unhintergehbarkeit seiner theologischen Einsicht, sondern vor allem aufgrund seiner reichspolitischen Verbindlichkeit hat das chalcedonensische Dogma seine Wirkung entfaltet. Nicht weil sich der christliche Glaube an Jesus Christus nicht auch anders äußern und aussprechen konnte, könnte und kann, sondern weil er im römischen Reich und seiner Kirche öffentlich nur so zu vertreten war, ist das chalcedonensische Dogma für die weitere Entwicklung der christlichen Theologie und Kirche von kaum zu überschätzender Bedeutung geworden.

Der Unterschied seiner kirchlich-kategorischen und theologisch-hypothetischen Verbindlichkeit ist in verschiedenen Kirchen aber sehr verschieden verstanden und beachtet worden. Dennoch, oder vielleicht gerade deshalb, kann es bis heute keine Christologie vermeiden, sich zu den chalcedonensischen Festlegungen zu verhalten, ja über lange Zeit wurden die meisten Christologien als explizite Auslegungen und Auseinandersetzungen mit den chalcedonensischen Festlegungen entworfen. Erst die historisch-kritischen und biblisch-exegetischen Neuorientierungsversuche des 19. und 20. Jahrhunderts haben hier andere Wege eingeschlagen. Doch auch wer ein – historisch oder exegetisch begründetes – dogmenkritisches oder ‚dogmenfreies‘ Jesus- oder Christusbild zu entwerfen sucht, kommt nicht umhin, die chalcedonensischen Formeln zumindest im Hintergrund als Folie oder Kontrast seiner Überlegungen zu haben. In diesem Sinn ist Chalcedon auch dort noch wirksam, wo man gar nicht mehr ausdrücklich darauf Bezug nimmt.

Insofern kann man durchaus sagen: Noch immer definiert der Entscheid von 451 in Grundzügen das Spielfeld, auf dem sich die christologische Reflexion bewegt. Das ist eine Tatsache, mit der sich jede Christologie, also jede theologische Reflexion des Glaubens an Gott im Licht des christlichen Bekenntnisses von Jesus als dem Christus, auseinandersetzen muss.

# IV   Kritische Christologie

**1**

Diese Auseinandersetzung ist in einer bestimmten Weise vorzunehmen. Karl Barth hat das unmissverständlich formuliert:

> „Die Theologie kann und darf sich kein Dogma, keinen Bekenntnissatz der kirchlichen Vorzeit ungeprüft [...] zu eigen machen. Und darauf, sich irgendwelche symbolischen Aufstellungen unter allen Umständen (etwa weil sie so alt und weitverbreitet und berühmt sind) zu eigen zu machen – auf den Ruhm einer überlieferungstreuen ‚Orthodoxie' also darf sie es, wenn es ihr mit der Wahrheitsfrage ernst ist, unter gar keinen Umständen abgesehen haben: keine schlimmere Häresie als solche Orthodoxie!"[32]

Das gilt auch für die christologischen Traditionen. Die Tatsache, dass das chalcedonensische Dogma nach wie vor das Spielfeld christologischer Reflexion definiert, darf nicht darüber hinwegtäuschen, dass es eine hermeneutische Tat-Sache ist, also das Resultat eines deutenden, interpretierenden, verstehenden Tuns und kein bloßer unbefragbar hinzunehmder Ausgangspunkt theologischer Verstehens- und Denkbemühungen. Christologie, und zwar gerade eine Christologie, die Chalcedon ernst nimmt, muss kritisch sein, auch und gerade ihren eigenen Ausgangspunkten und Voraussetzungen gegenüber.

---

32   Karl Barth, Einführung in die evangelische Theologie (1962) (Zürich 2021), 41.

Die erste kritisch zu klärende Aufgabe ist daher klarzustellen, was eine ‚kritische Christologie' sein soll. Ich beantworte diese Frage in zwei Gedankengängen.

## 2

Kritisch ist eine Christologie nicht nur dann, wenn sie *historisch-kritisch* ist. Das ist allenfalls eine Gestalt oder eine Teilaufgabe dessen, was kritische Christologie auszeichnet: Zweifellos muss sie auch ihren Bezug auf geschichtliche Tatsachen und Entwicklungen und vor allem auf die Dokumente und Monumente, die das Material (nicht das Thema!) ihrer Reflexion darstellen, kritisch reflektieren. Die Pointe dieser Arbeit ist, die Interpretationen kritisch zu interpretieren, über die wir von Vergangenem wissen, durch die es wirkt und weiter wirkt. Wir haben es in der historisch-kritischen Arbeit stets mit Interpretationen, Interpretationszusammenhängen und Interpretationsprozessen zu tun, die wir kritisch, i. e. anhand relevanter Unterscheidungskriterien (Autor, Adressaten, Entstehungsort, -zeit, -umstände, Vorstellungs- und Denktraditionen, Interessengeflechte, Machtkonstellationen usf.), zu rekonstruieren versuchen, um ein möglichst verlässliches Bild von den Vorgängen zu bekommen, die sich in diesen Dokumenten niedergeschlagen haben.

Doch die kritische Aufgabe ist umfassender und nicht nur in Bezug auf das geschichtliche Material und die historischen Fragen zu bedenken. Sie muss mit den geschichtlichen Phänomenen nicht nur *historisch-*, sondern auch *theologisch-kritisch* umgehen, die vorliegenden Interpretationen also nicht nur unter historischen, sondern auch unter *theologischen* Fragestellungen kritisch interpretieren.

Genau dazu sollen und wollen Dogmen anleiten. Sie formulieren keine zeitlosen Wahrheiten, sondern sie sind (in

## IV KRITISCHE CHRISTOLOGIE

erster Näherung gesagt) kirchliche Regeln zum theologisch-kritischen Umgang mit den Interpretationen (Sinnphänomenen) des Glaubens. Das zeigt sich vor allem an zwei Aspekten. Zum einen sind sie kein direkter Ausdruck des Glaubens (keine Bekenntnisaussagen), sondern der *theologischen Reflexion über den Glauben angesichts aufgetretener Missverständnisse und Irrtümer* (theologische Reflexionsaussagen). Zum andern sind sie nicht nur die theologische Privatmeinung von Individuen (Glaubensüberlegungen), sondern *durch förmlichen Entscheid in Kraft gesetzte Orientierungsregeln der christlichen Gemeinschaft* (kirchliche Normen für die Kommunikation des Evangeliums). Beides bindet sie nicht nur historisch an bestimmte Situationen, in denen sie entstanden sind und formuliert wurden, sondern vor allem auch systematisch und theologisch an bestimmte Problemkonstellationen, die ihnen ihre Pointe verliehen und in Bezug auf die ihr Geltungsanspruch zu beurteilen ist.

Man kann deshalb auch sagen: Als Resultate theologischer Reflexion unter bestimmten historischen Bedingungen sind Dogmen – geschichtlich kontingente, aber für die Gemeinschaft und damit kirchlich verbindliche – *Regeln zum Vermeiden von Missverständnissen* beim Versuch, den christlichen Glauben an Gott zu verstehen, zu denken, zu kommunizieren und zu leben. Sie sind nicht zeitbedingte Formulierungen zeitloser Wahrheiten, sondern genetisch und systematisch an bestimmte Interpretationskontexte gebunden. So sagen Dogmen nicht kontextfrei, was man (im Blick auf ein bestimmtes Thema) denken oder gar was man glauben muss. Sie sagen vielmehr, was zu beachten ist, wenn man den Glauben nicht missverstehen und in falscher Weise kommunizieren will. Und sie sagen das nicht als individuelle Meinung eines Theologen oder einer Theologin, sondern aufgrund einer förmlichen Entscheidung, die für die Gemeinschaft orientierende Verbindlichkeit hat.

So verstanden sind Dogmen kirchlich (unter bestimmten Bedingungen und in bestimmten Situationen) akzeptierte Regeln zum Vermeiden von Missverständnissen beim Versuch, das Evangelium und den Glauben zu verstehen, zu denken, zu kommunizieren und zu leben. Sie entstammen nicht nur einem historischen Entstehungszusammenhang, sondern sie gehören auch stets zu einer systematischen Problemkonstellation. Ihre Pointe ist, von dieser Problemkonstellation ausgehend, eine Grundregel und Leitlinie zu formulieren, was theologisch zu beachten ist, um Irrtümer und Missverständnisse des Glaubens in dieser Sache zu vermeiden. Das tun sie, indem sie den Standpunkt, die Perspektive und den Horizont klarstellen, von dem aus bzw. in dem theologische Fragen im Blick auf das anstehende Thema zu behandeln sind. Und das leisten sie, indem sie die Leitdifferenzen herausstellen, die diese Perspektive und ihren Horizont strukturieren.

### 3

Systematisches Denken, das sich an so verstandenen Dogmen orientiert, wird dadurch *theologisch-kritisch*, d. h. fähig und in die Lage versetzt, bestimmte grundlegende Unterscheidungen zu machen, sich selbst an diesen zu orientieren und durch sie orientierend im christlichen Leben und Denken zu wirken.

In diesem Sinn kann als Grundregel kritischer Christologie formuliert werden: Christologie ist kritisch, wenn sie *unterscheidet* und wesentliche Differenzen nicht verwischt, sondern wahrt. Wesentlich sind diejenigen Differenzen, an denen die theologische Pointe der neutestamentlichen Christusbekenntnisse hängt, deren Nichtbeachtung das christ-

## IV Kritische Christologie

liche Bekenntnis von Jesus dem Christus, wie es im Neuen Testament auf unterschiedliche Weise bezeugt wird, also unverständlich machen würde.

Das chalcedonensische Dogma hält so vor allem zwei wesentliche Unterscheidungen in Erinnerung: Zum einen ist die *Differenz zwischen Jesus Christus und Gott* zu wahren, zum anderen die *zwischen Jesus Christus und den Christen*. Entsprechend ist immer auch eine *spezifische Zusammengehörigkeit zwischen Jesus Christus und Gott und Jesus Christus und den Menschen* zu bedenken und beachten. Denn Differenzen trennen nicht, sondern unterscheiden. Wo es Differenzen gibt, gibt es immer auch spezifische Beziehungen. Beide Differenzen sind wesentlich, weil ohne ihre Wahrung das christliche Bekenntnis von Jesus dem Christus missverständlich würde.

Werden Jesus und Gott nicht unterschieden, wird entweder die Zusammengehörigkeit von Jesus und den übrigen Menschen unterminiert, also das *vere homo* problematisiert, und zwar entweder im Hinblick auf Jesus (er war/ist kein wirklicher Mensch) oder im Hinblick auf uns (wir sind nicht wirklich Menschen). Oder es wird umgekehrt die Differenz von Gott und Schöpfung verwischt, also das *vere deus* problematisiert, und zwar wiederum entweder im Hinblick auf Jesus (er ist nicht wirklich Gott) oder im Hinblick auf Gott (Gott ist nicht wirklich Gott). Beides führt zur Auflösung der soteriologischen Pointe des Christusbekenntnisses.

Die Bedeutung dieser Grunddifferenzen belegen sowohl die Metaphern der christlichen Grundbekenntnisse (*Christus, Herr, Sohn Gottes*) als auch die theologischen Versuche, diese denkend zu entfalten und zu begründen (*Logos, Wort, Sohn Gottes*). In der Sprache der christologischen Bekenntnisse (Bekenntnisse als Interpretationen) und in theologischen

Reflexionen und Theorieversuchen (Interpretationen der Bekenntnisse) fungieren diese Metaphern aber verschieden. Entscheidend ist nicht der Wortlaut der Metapher, sondern ihr jeweiliger *Gebrauch*.[33] Zwischen dem Gebrauch dieser Metaphern in der Glaubens- und Bekenntnissprache (Christus, Sohn Gottes) und ihrer theologischen Deutung (trinitarische Logos- oder Wort-Gottes-Christologie) ist deshalb zu unterscheiden: Die zweite sucht das erste zu verstehen und ist an ihm zu messen und gegebenenfalls von ihm her zu korrigieren.

Die Entwicklung des trinitarischen und des christologischen Dogmas verdankt sich u. a. dem Bemühen, die Differenz und differenzierte Bezogenheit zwischen Jesus und Gott kritisch zu wahren: Jesus ist nicht einfach Gott, sondern *Sohn* oder *Wort* Gottes, sagt das trinitarische Dogma. Er ist nicht nur göttlich, sondern ganz Mensch, sagt das christologische. Die Funktion der Betonung dieser Differenz im trinitarischen Dogma ist, Jesus so von Gott zu unterscheiden, dass er theologisch als der maßgebliche Ort ausgezeichnet werden kann, an dem die Menschen von Gott erfahren, weil er der Ort ist, an dem sie das für sie Maßgebliche von Gott erfahren. Jesus ist nicht einfach Gott, sondern *der Ort, an dem Gott sich offenbart*, nämlich das von sich kundwerden lässt, was wir zu unserem Heil von ihm wissen müssen. In diesem Sinn ist Jesus *die Offenbarung* bzw. *der wahrhaftige Zeuge Gottes*.[34] Und

---

[33] Ein Problem der doxologischen Deutung der Dogmen ist, dass diese nur dort zutrifft, wo die theologischen Bekenntnisdeutungen wieder als liturgisches Bekenntnis gebraucht werden: Nicht an den Aussagen als solchen, sondern nur am systematischen Ort ihres Gebrauchs lässt sich die Differenz zwischen homologischer Bekenntnisdeutung und theologischer Deutung des Bekenntnisses festmachen und ausweisen.

[34] Vgl. Barth, KD IV/3,1.

## IV Kritische Christologie

entsprechend ist der Glaube an Jesus Christus der Glaube an Gott, wie er sich in Jesus Christus kundgetan und zugänglich gemacht hat.

Werden andererseits *Christus* und die *Christen* nicht unterschieden, droht das *extra nos* des Heils verloren zu gehen, die Christologie zur Pisteologie und Jesus zum Exemplar menschlichen Gottesbewusstseins zu werden. Doch die christlichen Grundbekenntnisse bekennen nicht den subjektiven Glauben der Bekennenden, sondern das *eschatologische Tun Gottes* als den Grund der Rettung der Menschen. Nicht mein Glauben (meine Gläubigkeit) rettet, sondern der Glaube *an Jesus Christus*, i. e. an Gott, der sich Jesus zum Ort gewählt hat, an dem er seinen Heilswillen für die Menschen definitiv offenbar werden lässt und sich damit irreversibel als unser liebender Vater und *Gott für uns* erweist.[35]

---

[35] In diesem Sinn gilt in der Tat, dass „Gott ist Liebe" (1Joh 4,8) die „Summe des Evangeliums" ist, weil Liebe nie nur Begriff und Möglichkeit ist, sondern immer wirklicher Lebensvollzug und gelebte Wirklichkeit ist, und weil sie nie ohne andere ist, sondern immer nur der Modus einer Aktivität und Beziehung, in der und durch die den Adressaten dieser Beziehung Gutes widerfährt, nämlich – johanneisch gesprochen – Wiedergeburt, Neuschöpfung, Gotteskindschaft. Wahre Liebe ist keine Reaktion auf die, die auch ohne sie schon liebenswert sind, sondern sie macht gerade die liebenswert, die es von sich aus nicht sind. Sie schafft Neues, und sie fängt immer ganz von sich aus an. Vgl. Reinhard Feldmeier/Hermann Spieckermann, Menschwerdung (Tübingen 2019), 296–300. Liebe im Modus der Möglichkeit ist daher keine Liebe, sondern nur eine Möglichkeit. Die kann es geben oder auch nicht. Der Satz „Gott ist Liebe" aber artikuliert keine bloße Möglichkeit. Er lässt sich nicht mit einem ‚vielleicht' verbinden, ohne zu einem Selbstwiderspruch zu werden. Eine Liebe, die nur ‚vielleicht' Liebe ist, ist ebensowenig Liebe wie eine Liebe, die nur ‚vielleicht' wirklich ist. Um möglich sein zu können, muss sie wirklich sein. Und nach christlicher Überzeugung ist sie auf so einzigartige Weise wirklich, dass

## IV Kritische Christologie

Christen unterscheiden sich also von Christus dadurch, dass sie ihn als Offenbarung bzw. wahrhaftigen Zeugen Gottes bekennen. Genauer bekennen sie damit ein Zweifaches, nämlich dass *Jesus* (und kein anderer) der *maßgebliche Zeuge Gottes* ist und dass *Gott* so ist, wie Jesus bezeugt (und nicht anders): erbarmende Liebe. Konzentriert sich die theologische Reflexion auf das erste, kommt es zur Christologie im engeren Sinn, i. e. zum kritischen Rückgang auf Jesus Christus. Geht es um den zweiten Aspekt, wird Christologie als Basis der Gotteslehre (und damit aller theologischen Lehren) entfaltet, d. h. sie wird zum Ausgangspunkt und Horizont dessen, was Christen von Gott (und allem übrigen) sagen und bekennen. Damit stehen wir am anderen Problem: einer genaueren Bestimmung dessen, was mit *Christologie* gemeint ist.

---

ohne sie nichts anderes möglich und wirklich sein könnte. Sie ist nicht nur eine Wirklichkeit, sondern diejenige unerschöpfliche schöpferische Wirklichkeit, der sich alles Mögliche und Wirkliche verdankt – eben Gott.

# V Christologie

**1**

‚Christologie' ist ein mehrdeutiges Wort. Recht verstanden ist sie nicht nur eine Teillehre christlicher Theologie, sondern christliche Theologie *ist* Christologie. Geht es in der Christologie doch um nichts anderes als um *Gott*, und zwar genauer um das, was Gott für die Menschen und ihre Rettung aus Gottesblindheit, Gottferne und Auflehnung gegen Gott und die daraus resultierenden Folgen tut. Sie hat nur ein Thema: *Gottes Wollen und Handeln für uns*, und sie rekurriert in allem, was sie sagt, auf den Ort an, von dem her sie zu ihren Aussagen über Gottes Heilswirken kommt: Jesus Christus. Gottes Heilswirken für uns bildet so auch den Horizont zum Verstehen Jesu, und wird Jesus nicht in diesem Horizont verstanden, wird er nicht christologisch verstanden. Insofern ist ‚Christologie' derjenige Logos von Christus, der die soteriologische Bedeutung Jesu Christi für die Welt zur Geltung bringt, also klarstellt, dass und inwiefern Jesus der Ort ist, an dem Gottes Heilswillen für uns definitiv offenbar wird, weil Gott dort vollzieht, was er für jeden Menschen vollziehen will: die Rettung aus Gottferne und Tod.[36]

---

[36] Insofern sind alle christologischen Überlegungen in soteriologischem Horizont zu verstehen, wie Hansjürgen Verweyen, War das Wort BEI Gott? Zur Soteriologie des Johannesevangeliums (Regensburg 2019) am Beispiel des Johannesevangeliums aufzuzeigen versucht.

V CHRISTOLOGIE

So verstanden ist Christologie ein bestimmtes Teilstück der christlichen Lehre: derjenige Lehrzusammenhang, der von Jesus Christus als Heil der Welt handelt, als dem Ort also, an dem offenbar wird, dass und wie Gott selbst das Heil der Menschen und seiner Schöpfung wirkt. Traditionellerweise wird das in der Lehre von der (Amts-)Person[37], dem Werk bzw. Amt (und – in der lutherischen Tradition im Anschluss an Phil 2 – den Ständen) Jesu Christi entfaltet: Bezugs- und Orientierungspunkt aller christologischen Aussagen ist Jesus Christus – in seinem Sein als Amtsperson, seinem Heilswerk, seinem Geschick (*exinanitio – exaltatio*). Das ist der Lehrbestand der klassischen dogmatischen Christologie.

Nun will diese aber Jesus Christus als *Heil der Welt* zur Sprache bringen, also mit diesem Lehrstück die universale, exklusive und singuläre Bedeutung Jesu Christi aussagen. Damit kommt in der klassischen Christologie ein anderes Verständnis von Christologie zur Geltung, nämlich Christologie als Logos *von allem* (Gott, Welt, Mensch) *im Lichte von Christus*, i. e. im Licht dessen, wie Gott sich in Jesus Christus als der zur Geltung bringt, der das Heil der Welt will und wirkt. Christologie in diesem Sinn ist kein Teilstück christlicher Lehre, sondern deren Inbegriff und Horizont. Sie ist

---

[37] Die Lehre von der Person Jesu Christi ist kein Lehrzusammenhang über das Individuum Jesus von Nazareth, sondern über dessen Funktion als Offenbarer und Zeuge von Gottes Heilsgegenwart im Leben der Menschen und seiner Schöpfung. Es geht nicht um die historische Person Jesu, sondern um die soteriologische Amtsperson Jesus Christus, nicht um einen bestimmten Menschen aus Nazareth, sondern um das, was Gott durch diesen Menschen für das Heil seiner Schöpfung wirkt. Wird sie als Lehre über die Person Jesus verstanden und nicht als Lehre über die Amtsperson Jesus Christus, wird sie missverstanden.

## V Christologie

kein eigener Lehrzusammenhang, sondern der *Ort* und die *Perspektive*, von dem aus und in der alle theologische Lehre, also *Theologie* (Gotteslehre), *Kosmologie, Anthropologie, Ekklesiologie* usf. zu entfalten sind.

### 2

Will man diese umfassende Intention im Horizont des erstgenannten Christologieverständnisses zur Geltung bringen, indem man sie in diese einzeichnet, richtet man also das ganze systematische Augenmerk auf *Jesus Christus,* statt *von ihm aus* theologisch *auf alles andere* zu blicken, ist das Resultat eine problematische Idealisierung oder gar Idolisierung oder Mythisierung Jesu: Man setzt Jesus nicht nur mit der Amtsperson Christus gleich, schreibt Jesus also alles zu, was von Christus gilt, sondern liest in sie auch alles hinein, was man von Jesus Christus her über Gott, die Welt, die Menschen meint erfahren zu haben. Jesus wird dann (im Hinblick auf Gott) als *vere deus* ausgesagt (und damit zugleich der im Hinblick auf Jesus bestimmte Gott von allen anderen Göttern als der *wahre Gott* unterschieden). Jesus wird (im Hinblick auf die Menschen) zum *vere homo* idealisiert, also nicht nur als wirklicher Mensch bekannt, sondern zum ‚wahren' Menschen, wie er sein kann und soll, stilisiert, zum gelungenen Pendant des misslungen Adam. Und schließlich wird Jesus im Hinblick auf die Welt insgesamt als *Kosmokrator,* als Herr und Richter der Schöpfung, als Herrscher der Welt bestimmt und damit als *wahrer Herr* allen selbsternannten Scheinherren der Welt entgegengesetzt.

Sachlich ist die Folge dieser Idealisierungen und Idolisierungen immer dieselbe: Die Differenz zwischen Jesus und allen übrigen Menschen wird so groß, dass diese sich in ihm kaum noch oder nicht mehr wiederzuerkennen vermögen:

Die dogmatische Hochchristologie entfremdet Jesus von den Menschen in ihrer Sünde und Gottferne, obwohl ihre Intention doch gerade ist, den *Ausweg* aus Sünde und Gottferne darzulegen, der den Menschen in Jesus Christus von Gott selbst gebahnt und geboten wird.

In Reaktion auf diese Entfremdung Jesu von uns Menschen in der dogmatischen Hochchristologie wird in den pietistisch- und moralistisch-sentimentalen Jesulogien der Aufklärungsepoche und darüber hinaus Jesus wieder so ‚klein' gemacht, dass er wenigstens als Vorbild moralischer Herzens- und Lebensbildung verehrt werden kann. Doch wie so oft ist die Korrektur eines Fehlers nicht zwangsläufig eine Wahrheit. Je stärker nämlich die menschliche *Ähnlichkeit* oder *Entsprechung* Jesu zu uns betont wird, desto mehr wird dieser seines Charakters als *sacramentum* des Heils entkleidet und auf ein *exemplum* für uns reduziert. Jesus ist nicht mehr (primär) der Ort, an dem Gottes Heilswillen für uns erschlossen wird, sondern die exemplarische *Weise menschlichen Lebens*, das vor Gott (theistische Aufklärung) oder vor den Mitmenschen (moralistische Aufklärung) gelebt wird.

**3**

*Dogmatische Entfremdung* von uns durch Betonung der Gottheit Jesu, seine Darstellung als einzigartiger *Gottmensch* also (in der Orthodoxie), und *dogmatische Angleichung an uns* durch Betonung seiner Menschheit, seine Darstellung als exemplarischer *Gutmensch* also (in Pietismus und Aufklärung), sind so die beiden Hauptgefahren der neuzeitlichen Christologie. Beide verdanken sich demselben Doppelfehler, der sich bis auf Chalcedon zurückverfolgen lässt: *Der undifferenzierten Gleichsetzung von Person und Amtsperson, von*

## V CHRISTOLOGIE

Jesus und von Jesus Christus,[37] und der theologischen Fokussierung auf Jesus Christus, anstatt von Jesus Christus aus alles übrige theologisch zu thematisieren. Man macht den Blickpunkt zum Gegenstand theologischer Lehre, anstatt von diesem Blickpunkt auf Gott, Welt und menschliches Leben her theologisch zu lehren.

Diese irreführende Fokussierung prägt das ganz Spektrum der Positionen, die im Gefolge und in Auseinandersetzung mit der chalcedonensischen Inkarnationschristologie ausgebildet werden. Die einen betonen das *Gottsein Jesu Christi*, und zwar im (aporetischen) Extremfall auch auf Kosten seines Menschseins und damit seiner Ähnlichkeit zu uns Menschen. Die soteriologische Pointe dieser Position ist, dass unsere Rettung allein *durch Jesus Christus, den Gottmenschen* geschieht und geschehen kann. Andere betonen in Korrektur dazu das *Menschsein Jesu*, aber so, dass sie dabei vor allem die *Vollkommenheit seines Menschseins* herausstreichen und auf Kosten seiner Ähnlichkeit mit unserem realen Menschsein die Sündlosigkeit, *excellentia* und Schönheit Jesu betonen. Die soteriologische Pointe ihrer Position ist, dass wir nur *wegen Jesus* gerettet werden, indem wir in das vollkommene Menschsein des Retters einbezogen werden und Anteil am *wahren Menschsein Jesu* erhalten. Weil das undenkbar scheint,

---

[38] Es ist eines, die Person Jesus mit seiner Funktion als Amtsperson Jesus Christus gleichzusetzen, ein anderes, darauf hinzuweisen, dass theologisch allein das Zweite und nur in diesem Zusammenhang auch das Erste interessiert. Das Zweite ist theologisch entscheidend, das Erste führt für sich genommen theologisch in die Irre. Nur wenn alle christologischen Aussagen theologische Aussagen über Jesus Christus sind, es immer und überall also um Gottes Heilsgegenwart bei allen Menschen und Geschöpfen geht, ist Christologie ipso facto Soteriologie und keine von der Soteriologie unterschiedene Sonderlehre von Jesus.

ohne eine fundamentale Ähnlichkeit zwischen dem Menschsein des Retters und dem der Geretteten zu unterstellen, wird von Dritten das *exemplarische Menschsein* Jesu betont, in all den bekannten Versionen der verschiedenen Jesus-Bilder des ‚guten Menschen' von Nazareth, die in der Moderne und Postmoderne entworfen wurden und werden. Die soteriologische Pointe dieser Position ist, dass unsere Rettung darin besteht, gerettet zu werden, *wie Jesus gerettet wurde.*

In einem sich steigernden Problemgefälle kommt es also zu folgenden Schritten: Statt Gott wird Jesus als Ort der *Offenbarung Gottes* ins Zentrum gerückt: Hier kommt Gott so zum Ausdruck, wie er als Gott ist. Gegen das naheliegende Missverständnis der Idolisierung des Menschen Jesu (*Vergottungsgefahr*) wird die *Göttlichkeit der Person* hervorgehoben, die Jesus als Christus ist: Nicht Jesus, sondern *Gott in Jesus* ist das Entscheidende. Gegen das mögliche Missverständnis der bloßen göttlichen Instrumentalisierung Jesu (*Doketismusgefahr*) wird sein *vollkommenes Menschsein* hervorgehoben: Jesus zeigt, wie *der Mensch vor Gott sein kann und soll*. Gegen das sich damit nahelegende Missverständnis der unerreichbaren Sonderstellung Jesu (*Exklusivitäts- und Singularisierungsgefahr*) wird der *exemplarische Charakter seines Menschseins* hervorgehoben: Jesus ist das Ur- und Vorbild dessen, was ein menschliches Leben *coram deo* sein kann und soll. Sein Leben ist *Exempel* für unser Leben. Als Exempel aber ist Jesus ethisch relevant oder kann es doch sein, *ohne dass von Gott noch gesprochen werden müsste*. Nicht mehr Gottes Handeln, sondern Jesu Leben, nicht mehr Gott, sondern „das Göttliche" und die „Heiligkeitsatmosphären" menschlichen Lebens, nicht mehr Christus, sondern „die eingeleibte Liebesatmosphäre" werden zum Fokus der Christologie und Theologie der Moderne: Aus der Christologie ist

## V Christologie

eine *christliche Lebenskunst, Nachfolgeethik* oder *Leibästhetik* geworden,[39] in der viel von der Leiblichkeit der Menschen, aber wenig von der Göttlichkeit Gottes die Rede ist und nichts verloren gegangen zu sein scheint, wenn man ganz auf Bezugnahmen auf Gottes Wirklichkeit verzichtet.

### 4

Demgegenüber ist strikt auf einer *Offenbarungschristologie* zu insistieren.[40] Die Konzentration auf *Offenbarung* ist ja keine Verengung, sondern im Gegenteil eine grundsätzliche Erweiterung und Universalisierung der theologischen Perspektive. Diese richtet sich, pointiert gesagt, nicht auf Jesus als solchen, sondern darauf, dass er der Ort von Gottes Offenbarung ist. Nicht Jesus *tout court* (als Person), sondern allein *Jesus, wie er im Horizont des Heilswirkens Gottes verstanden wird* (als Amtsperson), ist theologisch von Interesse. Christologisch wesentlich sind dementsprechend nicht die mit anderen geteilten oder individuellen Eigentümlichkeiten von Jesu Leben, sondern dass er in diesen Eigentümlichkeiten der Ort der Offenbarung von Gottes Heilswillen für uns ist. Nicht *der Nazarener selbst* und *als solcher* hat theologisches Gewicht, sondern das *Wollen und Wirken Gottes*, das durch ihn

---

39 Vgl. Klaas Huizing, Lebenslehre. Eine Theologie für das 21. Jahrhundert (Gütersloh 2022), 141 ff.323 ff. u. ö. Dass es durchgehend um Soteriologie geht, betont Huizing zu Recht. Es bleibt nur unklar, von welchem ‚Unheil' man erlöst werden soll.

40 Das betonen auf ihre Weise auch Isaak Dorner, Entwicklungsgeschichte der Lehre von der Person Christi von den ältesten Zeiten bis auf die neueste dargestellt, Zweiter Teil: Die Lehre von der Person Christi vom Ende des vierten Jahrhunderts bis zur Gegenwart (Berlin ²1853), 1241, Karl Barth, KD IV,2, 37–47, und Michael Welker, Gottes Offenbarung: Christologie (Neukirchen-Vluyn ³2016).

und an ihm erkenntlich wird. Nicht als geschichtliche Person unter geschichtlichen Personen, sondern als eschatologischer Mittler von Gottes Gegenwart, Heilswillen und Heilswirken für uns ist Jesus als Christus unverzichtbarer Bezugspunkt und Inhalt der Christologie.

Natürlich ist nicht zu ignorieren, dass dieses Wollen und Wirken Gottes *gerade hier* erkenntlich wird. Insofern gehört keineswegs nur die Botschaft Jesu, sondern dieser selbst in das Evangelium: als permanente Erinnerung und Vergegenwärtigung des Ortes, an dem Gottes Heilswillen und Heilswirken definitiv wirksam und erkenntlich wird. Doch dass gerade er dieser Offenbarungsort ist, darf nicht wiederum als Konvenienzbeweis mittels einer entsprechenden Konzeption oder Theorie in seine Person hineingelesen werden: Die *historische Kontingenz der Offenbarung* ist strikt zu wahren und nicht als *theologische Necessität der Offenbarung gerade in ihm* zu deuten. Theologisch festzuhalten ist die prinzipielle Initiative und das exklusive Tun Gottes: Nicht Jesus hat Gottes Heilswillen offenbart, sondern *Gott* hat ihn in und durch Jesus Christus offenbart. Aus eben diesem Grund aber muss man auch sagen: Gott hat seinen Heilswillen nicht offenbart, *weil es Jesus gab*, sondern es gab Jesus Christus, weil Gott seinen Heilswillen *offenbart hat*. Nicht weil die Zeit erfüllt war, hat Gott sich in Jesus offenbart, sondern weil Gott sich in Jesus Christus offenbart hat, ist die Zeit erfüllt. Jesus ist deshalb theologisch nicht als die Bedingung der Möglichkeit, sondern ausschließlich als *Jesus Christus*, als der *faktische Ort der Gottesoffenbarung* zur Geltung zu bringen.

## 5

Reinhold Bernhardt hat das versucht, indem er Jesus Christus als Amtsperson in den Blick nimmt und ihn im Anschluss an

## V Christologie

Tillich als „Repräsentant Gottes" bestimmt.[41] Repräsentant ist Jesus Christus in dem doppelten Sinn, dass er Gott den Menschen gegenüber repräsentiert und die Menschen Gott gegenüber. Entscheidend ist die damit festgehaltene Differenz zwischen Gott und Jesus Christus. Dieser ist nicht Gott, sondern er repräsentiert Gott für die Menschen: In ihm erschließt sich, wer und was Gott ist. Und er ist unter allen Menschen derjenige, der die Menschen Gott repräsentiert: In ihm sieht Gott die Menschen in ihren Stärken und Schwächen, in ihrer fragwürdigen Wirklichkeit und in ihren weit darüber hinausgehenden Möglichkeiten.

Dass Jesus Christus Gott repräsentiert, besagt in der von Bernhardt favorisierten antiochenischen Sicht, dass die göttliche und die menschliche Natur Christi durchgehend verschieden bleiben, weil Gott von Christus verschieden ist und bleibt und nur deshalb Christus aufgrund seiner göttlichen Natur Gott so repräsentieren kann, dass dieser sich nicht nur hier, sondern auch in anderen kulturellen und religiösen Kontexten vergegenwärtigen kann. Die Enhypostasielehre in der alexandrinischen Tradition und ihre Aufnahme im Luthertum werden dementsprechend in gut reformierter Weise kritisch beurteilt. Dass Christus aufgrund seiner Menschlichkeit die Menschen vor Gott repräsentiert, besagt demgegenüber, dass er darin ‚wahrer Mensch' ist, dass er die Menschheit in ihrer Vielfalt und Ambivalenz so vor Gott vertritt, das deutlich wird, was sie sein könnte und sollte. Auf der einen Seite repräsentiert Christus also Gottes Identität, ist aber nicht identisch mit Gott. Auf der anderen Seite repräsentiert Christus die Menschen Gott gegenüber, ist aber nicht der ein-

---

41 Reinhold Bernhardt, Jesus Christus – Repräsentant Gottes. Christologie im Kontext der Religionstheologie (Zürich 2021).

## V Christologie

zige Ort in der Menschheitsgeschichte, an dem Gott seine Gegenwart erschließt. Zumindest die Möglichkeit nichtchristlicher Selbstvergegenwärtigungen Gottes will Bernhardt offen halten.

Bernhardt bezieht sich so zwar durchgängig auf die klassische Zwei-Naturen-Christologie, plädiert aber nachdrücklich dafür, sie theozentrisch und nicht christozentrisch zu verstehen. Christliche Theologie hat ihren Fokus in Gott, nicht in Christus. Doch mit der Figur des doppelten Repräsentanten macht er Jesus Christus zum entscheidenden Schlüssel für einen Theozentrismus, der nicht im Vagen bleibt. Als Repräsentant Gottes repräsentiert Jesus Christus das Wesentliche, was man von Gott wissen kann und sagen muss. Nur so ist gewährleistet, dass Gott sich an anderen Orten nicht ganz anders vergegenwärtigt, weil er sich sonst nicht als Gott vergegenwärtigte. Gott ist nicht identisch mit Christus, aber Christus erschließt die Identität Gottes für die Menschen.

Genau das aber ist auch der Kerngedanke in der Bestimmung Jesu Christi als Ort der Selbstoffenbarung Gottes – mit dem entscheidenden Unterschied, dass die Priorität aller Aktivität hier ganz und ausschließlich bei Gott selbst liegt: Nicht Jesus ist der entscheidende Akteur, sondern Gott. Und Gott bezieht sich nicht primär oder ausschließlich auf Jesus, sondern durch ihn auf uns. Eben das macht Jesus zum Christus. Jesus Christus repräsentiert nicht von sich aus Gott bei den Menschen und die Menschen bei Gott, sondern Gott erschließt sich in Jesus Christus für die Menschen als der, der die gottblinden Menschen für Gottes Gegenwart in ihrem Leben öffnet und sie in die Gemeinschaft seines Lebens einbezieht. Gott ist der, der seine Präsenz durch Jesus Christus repräsentieren lässt, und die Adressaten dieser Re-Präsentation

V CHRISTOLOGIE

sind alle Menschen an je ihrem Ort und nicht Jesus. Dieser ist der von Gott autorisierte Repräsentant, also das Mittel, aber nicht der Adressat der Re-Präsentation von Gottes Präsenz.

Nur wenn man den Repräsentationsgedanken so zuspitzt, dass Gott sich selbst in und durch Jesus Christus den Menschen als der präsentiert, der allein von sich alles Nötige für ihr Heil wirkt, holt er das ein, was in der theologischen Figur der Selbstoffenbarung Gottes in Jesus Christus zu denken versucht wird. Der Repräsentationsgedanke tendiert dazu, das zu verdunkeln, indem er den Blick auf Jesus lenkt, anstatt ihn von Jesus her auf Gott, die Menschen und alle Geschöpfe hin zu öffnen. Er steht in Gefahr, all das in Jesus Christus zu suchen und zu sehen, was man von ihm her über Gottes Präsenz und Wirken in seiner Schöpfung lernen und entdecken kann. Das Medium wird dann die Botschaft, anstatt als Medium der Botschaft für die Menschen zu fungieren.

Deshalb muss man präziser formulieren: Gott präsentiert (vergegenwärtigt) sich immer nur selbst. Jesus repräsentiert das, indem er durch sein Gleichnishandeln und Gleichnisreden seine Zuhörer (Männer, Frauen, Kinder) so auf Gottes Gegenwart hinweist, dass sich deren Präsenz und Charakter als erbarmende schöpferische Liebe in ihrem Leben erschließt. In diesem Sinn ist Jesus Christus das Zeichen der Gegenwart Gottes im Leben seiner Mitmenschen und der Selbstoffenbarung des Charakters dieser Gegenwart als wirksame Liebe in der Veränderung ihres Lebens vom Übel zum Heil, von der Verzweiflung zur Hoffnung, von der Gott-blindheit zur Dankbarkeit gegenüber Gott. Er ist das als Jesus Christus, nicht einfach als Jesus von Nazareth, als ‚Amtsperson', und nicht als geschichtliche Person. Wer Jesus hört, hört Jesus, wer Jesus Christus hört, hört durch Jesus Gott.

Nicht Jesus vergegenwärtigt also Gott, sondern Gott vergegenwärtigt sich durch Jesus Christus. Als Christus repräsentiert Jesus, wie Gott sich selbst präsentiert, weil sich Gottes Präsenz durch Jesu Leben, Lehren, Sterben und Tod so erschließt, dass deutlich wird, dass er der Gegenwart aller Menschen und Geschöpfe als schöpferische Liebe gegenwärtig ist. Wird Jesus so gehört und verstanden, wird er als Jesus Christus gehört und ver-standen, und wird er so verstanden, dann wird er als der gehört, der repräsentiert, wie Gott selbst sich im Leben seiner Geschöpfe präsentiert. Er macht deutlich, was es heißt, Gott zu sein, gerade weil er nicht in Rätseln von sich, sondern in Gleichnissen von Gott spricht. Dieser ist nicht nur an Jesu Ort gegenwärtig, sondern an jedem Ort bei allen Menschen. Eben das macht Jesus Christus deutlich, indem er nicht sich, sondern Gott ins Zentrum stellt. Wie Johannes auf dem Isenheimer Altar nicht auf sich, sondern auf den Gekreuzigten verweist, so verweist der auferweckte Gekreuzigte nicht auf sich, sondern auf Gott. Er ist nicht selbst die Offenbarung Gottes, sondern derjenige, der Gottes Selbstoffenbarung offenbart.

Nicht Repräsentation, sondern *Selbstoffenbarung* ist theologisch daher der entscheidende Begriff, nicht Jesus offenbart Gott, sondern Gott offenbart sich durch Jesus so, wie er in jedem Leben gegenwärtig und am Werk ist. Deshalb ist er Jesus Christus. Jesus Christus ist der Ort, an dem Gott sich selbst als Gott offenbart und damit deutlich macht, was die Menschen faktisch sind (blind gegenüber Gottes Gegenwart) und was sie sein könnten und sollten (offen für Gottes Gegenwart und Wirken in ihrem Leben). Das macht ihn zum Schlüssel für die Erkenntnis der Gottheit Gottes und der Wirklichkeit und Möglichkeiten der Menschen. Und dieser Schlüssel ist er nicht von sich aus, sondern weil Gott selbst sich in jedem Leben so präsentiert, wie Jesus Christus ihn repräsentiert.

# VI Probleme der klassischen Christologie

**1**

Die skizzierte Entwicklung prägt sich hermeneutisch in den verschiedenen Weisen aus, in der die christologischen Bekenntnisse theologisch in Auseinandersetzung mit den Problemen der klassischen Christologie im Gefolge Chalcedons gedeutet und verstanden werden. Jesus wird als *Gottmensch*, als *wahrer* (i. e. *gottgewollter*) *Mensch* und als *guter und rechter* (i. e. *menschlicher*) *Mensch* verstanden. Ich charakterisiere die Positionen knapp.

1. *Gottmensch*: Die *sprachlich-hermeneutische* Folge des theologischen Realismus der Hochchristologie ist, dass die christologischen Metaphern *mythisch* verstanden und *metaphysisch* gedeutet werden: Der Sohn Gottes wird als reale Inkarnation Gottes im Juden Jesus gedeutet und entfaltet, mit allen Folgen dieses Gedankens des *Gottmenschen* im Denken (Paradox der unvermischten [ἀσυγχύτως] Koexistenz der zwei φύσεις) und im Leben (epistemischer Dogmatismus und praktische Intoleranz: allein hier ist Gott präsent und zugänglich).

Das heißt: Man will mit Recht die göttliche Initiative und Exekutive des Heilswerkes betonen, aber man liest sie in die (geschichtliche) Person Jesu hinein. Man will zu Recht klarstellen, dass das Entscheidende nicht das ist, was Jesus tut, sondern dass Gott selbst durch das, was Jesus tut, handelt; aber man formuliert das als Theorie der monophysitischen (oder nachchalcedonisch: dyophysitischen) *Creator-creatura-*

Einheit, die sich von uns als eschatologische Neuschöpfung grundlegend unterscheidet. Damit läuft man Gefahr, Jesus entweder zum eschatologischen Sonderfall zu machen, mit dem wir nichts zu tun haben, oder ihn zum austauschbaren Medium göttlichen Handelns werden zu lassen und so die eschatologische Endgültigkeit gerade *dieses* Handelns Gottes zu verfehlen.

Um dem zu entgehen, wird Jesus gerade *in seinem Menschsein* als der ausgezeichnete singuläre Ort der *Präsenz Gottes* bestimmt: Weil Gott selbst gerade *hier* als Gott handelt, ist im Menschen Jesus Gott selbst gegenwärtig und Jesus dementsprechend der exklusive *Gottmensch*. Wird das verstanden als ‚Dieser Mensch ist Gott', ergeben sich die bekannten Probleme. Wird es dagegen verstanden als ‚In diesem Menschen ist Gott selbst gegenwärtig', dann lässt sich mit dieser Formel sowohl die *reale Gegenwart Gottes* aussagen als auch die *Differenz* zwischen Gott und Jesus wahren. Dogmatisch wird beides, Gottes Präsenz in Jesus und die Differenz zwischen Gott und Jesus, mit der präzisierenden Wendung zum Ausdruck gebracht: ‚Dieser Mensch ist der *Sohn Gottes*', d. h. ist ganz Gott und zugleich als Gott der Sohn von Gott dem Vater unterschieden. Indem die Differenz zwischen *Gott* und *Jesus* nicht als die zwischen Schöpfer und Geschöpf begriffen, sondern als Differenz zwischen *Gott* (*Vater*) und *Gott* (*Sohn*) reformuliert wird, wird die Differenz zwischen *Jesus* und *uns* aber auf den Unterschied von *Gott* (*Schöpfer*) und *Geschöpf* gebracht und damit ins für uns Unüberbrückbare gesteigert: Nicht Jesus ist unendlich von Gott unterschieden, sondern wir sind unendlich von Jesus unterschieden.

2. *Wahrer Mensch*: Dagegen ist die sprachlich-hermeneutische Folge der ‚Vollkommener-Mensch-Christologie', dass die christologischen Metaphern als Aussagen über die *Norm*

*des Menschseins* gelesen werden: Der Jude Jesus von Nazareth wird zum *vollkommenen Menschen* deklariert, wie er in Adam intendiert war und durch den Fall verhindert wurde. Im besten Fall wird das so verstanden, dass im Akt der Menschwerdung die Menschennatur eschatologisch neu geschaffen wurde: In Jesus ist die wahre Menschheit wiederhergestellt worden, die in der Schöpfung intendiert war, aber von Adam pervertiert wurde. Im Rahmen der lutherischen *communicatio idiomatum*-Lehre, die diesen Gedanken entfaltet, führt das zu den Lehrstücken der *excellentia corporis et animae Christi*, die nicht nur in den pietistischen Jesusbildern ihre Nachwirkung entfaltet haben. Die Differenz zwischen Gott und Jesus wird dabei gewahrt als Differenz zwischen Schöpfer und Geschöpf, so wie dieses vom Schöpfer gewollt und beabsichtigt ist. Die Differenz zwischen Jesus und uns dagegen wird ins Anthropologische verlegt und als *vollkommene* und *misslungene* Realisierung der Menschheit, wie Gott sie wollte, reformuliert, also als Differenz zwischen *altem* und *neuem* Menschen, *sündlosem* und *sündigem* Menschsein gefasst.

Die Vollkommenheit der Menschheit des wahren Menschen wird dabei so zum Ausdruck gebracht, dass sie nicht durch Jesus von Nazareth, sondern durch den Logos, die zweite Person Gottes hypostatisch konkretisiert wird. Er ist die Hypostase der vollkommenen Menschheit, nicht Jesus als ein Mensch unter Menschen. Die Heilung der menschlichen Natur ist daher nicht einfach die Perfektionierung dessen, was Menschen qua Menschen faktisch sind, sondern was sie *coram deo* sein könnten und sollten. Zwischen ihr und der gefallenen Menschheit besteht nicht nur eine graduelle faktische, sondern eine absolute normative Differenz, die sich darin zeigt, dass die Vollkommenheit der menschlichen Natur als *Vergottung* und nicht als perfekte Vermenschlichung gedacht wird: Sie ist eine Neuschöpfung, die nur vom Schöpfer selbst (dem Logos) hypostatisch realisiert werden kann, nicht von einem Menschen, solange dieser nicht selbst neu geschaffen ist. Nur in einer göttlichen Hypostase kann diese vollkommene Natur Wirklichkeit sein, und deshalb wird die Überwindung der unvollkommenen und geschädigten menschlichen Natur in der griechischen Theologie nicht als deren Verbesserung, sondern als deren Vergottung (*Theosis*) gedacht.[42] Sie ist nicht nur das Beste, was im menschlichen Horizont möglich ist, sondern sie ist das, wie Menschheit im göttlichen Horizont sein könnte und sollte.

3. *Guter Mensch*: Die sprachlich-hermeneutische Folge der ‚Exempel-Christologie' schließlich sind die vielfachen Jesulogien, die in Jesus das exemplarische Vorbild des Freundes, Helfers, neuen Mannes, Feministen usf. sehen, wie sie bis in die Gegenwart die Szene beherrschen. Die Differenz zwischen *Gott* und *Jesus* wird hier so gewahrt, wie sie bei jedem von uns gewahrt wird: Gott ist Gott und Mensch ist Mensch. Die

---

42 Auch die lutherische Lehre von der *communicatio idiomatum* ist ein Ausdruck dieser Denkform: In der hypostatischen Union der Logos-Person werden die Attribute der göttlichen Natur auf die menschliche Natur übertragen, diese also vergottet. Die umgekehrte Übertragung wird zunächst nicht gedacht, weil sie in Konflikt stünde mit der Göttlichkeit der Hypostase, der die beiden Naturen zugesprochen werden. Es gibt daher im 16. Jahrhundert ein *genus majestaticum*, aber kein *genus tapeinoticum*. Man kann sagen ‚Die Menschheit wird verherrlicht' und ‚Gott leidet', aber man kann nicht sagen ‚Die Gottheit leidet'. Was von der Hypostase des Logos aufgrund der beiden Naturen gesagt werden, kann nicht ohne weiteres auch von den Naturen gesagt werden. Als Logos tritt Gott ins Leiden ein, aber seine Göttlichkeit bleibt davon unberührt. Dass diese Denkform die Vollkommenheit der geschaffenen Natur an der Vollkommenheit Gottes misst, bleibt dabei unbedacht.

## VI Probleme der klassischen Christologie

Differenz zwischen *Jesus* und *uns* dagegen wird gewahrt, indem sie auf die Differenz zwischen *Vorbild* und *Nachahmung* reduziert wird: Jesus war, wie wir sein sollten. Die Differenz ist ethischer Natur, nämlich die zwischen *normativem Ideal* und *mehr oder weniger gelungener Nachahmung*. Und weil etwas Exempel für uns immer nur *im Hinblick auf etwas* sein kann und sich dieser Bezugspunkt verschieden bestimmen lässt, gibt es so viele exemplarische Jesu(Christo)logien wie es Bestimmungen dieses Vergleichsgesichtspunktes gibt.

2

Die formalen Voraussetzungen für diese Positionen zeigen sich an der logischen Strukturierung christologischer Bekenntnis- und Lehraussagen. Wird der Mensch Jesus als der Bezugsgegenstand verstanden, von dem göttliche Prädikate ausgesagt werden, dann besteht die Gefahr der Vergottung oder Idolisierung des Menschen Jesu. Wird dagegen der göttliche *Logos* als Bezugsgegenstand christologischer Bekenntnisaussagen verstanden, von dem menschliche Prädikate ausgesagt werden, dann besteht die Gefahr des Doketismus, Jesus könnte nur scheinbar, aber nicht wahrhaft Mensch gewesen sein.[43] Wird schließlich Jesus als Bezugsgegenstand der menschlichen Prädikate und der Logos als Bezugsgegenstand der göttlichen Prädikate verstanden, dann wird Jesus Christus in der Duplizität von zwei Ichs (zwei Willen, zwei Identitäten) gedacht, die unvermittelt nebeneinanderstehen. Das zerstört nicht nur die Einheit der Person Jesu Christi, sondern macht es auch unmöglich, dass er als Heil und Retter der Menschen gedacht werden kann. Jede „Scheidung des auf Er-

---

[43] Vgl. Wichard v. Heyden, Doketismus und Inkarnation. Die Entstehung zweier gegensätzlicher Modelle von Christologie (Tübingen 2014).

den redenden Sohnes in zwei Ich, von denen das Eine der ewig herrliche Logos, das Andere der menschlich niedrige Jesus gewesen, wird durch helle Schriftzeugnisse zurückgewiesen, ob man auch die Vermählung der beiden Ich schon während des irdischen Wandels Jesu noch so innig zu fassen suche"[44], wie schon Mitte des 19. Jahrhunderts Geß zu Recht gegenüber Dorner betont hat. Ein Logos, der „beim Leiden nicht betheiligt" ist, kann uns auch nicht als „Versöhner helfen".[45] Und ein Jesus, der nur Mensch ist, auch nicht.

Die (neu)chalcedonische Regel sagt deshalb zur Vermeidung dieser Gefahren, dass der Bezugsgegenstand christologischer Aussagen das eigentliche personbildende Moment in Jesus, der göttliche *Logos* sei, von dem sowohl göttliche als auch menschliche Prädikate ausgesagt werden. Um zu denken, was damit gesagt wird, bieten sich grundsätzlich zwei Wege an. Entweder Gott (der Logos) nimmt – nicht einen besonderen Menschen, sonst gäbe es zwei Personen, sondern – die Menschheit bzw. das Menschsein an (*assumptio* der menschlichen Natur), wie es von Gott intendiert ist und geschaffen wird. Dann drängt sich die Rückfrage auf, ob Jesus wirklich in vollem Sinn Mensch gewesen sei, wenn man von ihm zwar sagen kann, dass er *Mensch* war, aber nicht, dass er *ein Mensch* war und auf keinen Fall, dass er so unvollkommen und verbesserungsbedürftig Mensch war, wie wir es sind. Oder Gott (der Logos) entäußert sich seiner Gottheit (*kenosis*) und wird ein Mensch wie wir. Dann drängt sich die Rückfrage auf, ob Jesus wirklich *Gott* gewesen sein könne, wenn er die

---

44 Wolfgang Friedrich Geß, Die Lehre von der Person Christi entwickelt aus dem Selbstbewusstsein Christi und aus dem Zeugnisse der Apostel (Basel 1856), 292.

45 A. a. O., 291.

## VI Probleme der klassischen Christologie

Wirkeigenschaften der göttlichen Natur nicht gelebt und gebraucht, sondern nur verborgen besessen habe. Denn ohne χρῆσις (Gebrauch der Gottheit) keine κτῆσις (Besitz der Gottheit).

Immerhin ist deutlich, was dieser Lösungsversuch intendiert: Zum einen wird die *Initiative* und *Prärogative Gottes* gewahrt, indem der Logos als personbildendes Moment verstanden wird. Zum andern wird das *vollkommene Menschsein* in der anhypostatischen Existenz der Menschheit in der Person des Gottmenschen gewahrt. Zum dritten wird die Differenz zwischen *Gott* und *Jesus* als Differenz zwischen *Gott* und *Gottmensch* (Vater und Sohn) gedacht. Und schließlich wird die Differenz zwischen *Jesus* und *uns* als Differenz zwischen *Gottmensch* und *Mensch* gedacht: Jesus war alles, was wir sind *und noch mehr (nämlich Gott)*; und eben deshalb war er das, was wir sind (Menschen), aber vollkommener als wir, nämlich ohne Sünde und damit so, wie Menschen sein können und sollen, um wirklich menschlich zu leben.

Auch wenn man von allen Detailschwierigkeiten in der denkerischen Durchführung dieser klassischen Konstruktionen absieht, ist ihr Grundmangel, dass sie das Problem auf *propositional-semantischer* Ebene zu lösen suchen über Klärung der Referenz der Prädikate christologischer Aussagen und damit der Referenz dieser Aussagen. Die Möglichkeiten, die sich da ergeben, sind überschaubar und begrenzt. Im Laufe der Theologiegeschichte wurden auch alle Variationen durchgespielt.[46] Keine konnte befriedigen oder überzeugen.

---

[46] Vgl, Ingolf U. Dalferth, Der auferweckte Gekreuzigte. Zur Grammatik der Christologie (Tübingen 1994), 13 ff.139 ff.

## VII Nicht nach dem Fleisch, sondern nach dem Geist

**1**

Ein Grund für die Aporien dieser klassischen theologischen Zugangsweise ist, dass die Pragmatik des Bekenntnisses, also die Tatsache, dass es sich bei christologischen Aussagen um Bekenntnisse handelt, unbedacht bleibt oder nicht zureichend bei deren Rekonstruktion und Analyse berücksichtigt wird. Bei der theologischen Reflexion von Bekenntnissen sind aber grundsätzlich drei Sachverhalte zu beachten: dass es Bekenntnisse nicht gibt, ohne die Menschen, die sie bekennen; dass ihr Gegenstand nichts ist, was sich auch unabhängig von ihnen thematisieren ließe, sondern genau das, was sie zur Sprache bringen; und dass es sie nicht gäbe, wenn ihnen nichts vorausginge, auf das sie antworten.

Wer Bekenntnisse verstehen will, darf daher die Bekennenden nicht ausblenden, muss auf das achten, wovon sie reden, und muss nach dem fragen, worauf sie antworten. Bekenntnisse sind nicht Aussagen, die wahr oder falsch sein können, sondern Ausdruck von Überzeugungen konkreter Menschen in konkreten Situationen, die auf bestimmte Ereignisse oder Anlässe antworten, denen sich ihre Überzeugung und die Bereitschaft, diese zum Ausdruck zu bringen, verdankt. Sie sind keine komplexen Propositionen, die sich nach der Logik von Prädikationen (‚a ist F') oder Identitätsaussagen (‚a ist a' bzw. ‚a ist b') zureichend verstehen ließen. Sie sind aber auch keine Hypothesen oder Wahrheitsbehauptungen, die man unabhängig vom Rekurs auf die Bekennenden auf ihre Wahrheit oder Falschheit überprüfen könnte, indem man Testsituationen ersinnt, in denen sich ihre Wahrheit oder Falschheit erweist oder sich ihre Wahrscheinlichkeit oder Unwahrscheinlichkeit feststellen lässt. Sie sind vielmehr Überzeugungen, die Menschen haben und zum Ausdruck bringen, weil sie sich ihnen aufgrund bestimmter Erfahrungen in konkreten Situationen aufgedrängt haben. Man wählt seine Überzeugungen nicht, sondern findet sich in ihnen vor, und weil man sie hat, wählt und entscheidet man sich in bestimmter Weise.[47] Anders als bei Propositionen wird die Wahrheit von Überzeugungen deshalb nicht hypothetisch, sondern assertorisch vertreten, und anders als bei Hypothesen formuliert man sie nicht in der dritten, sondern in der ersten Person. Überzeugungen sind immer die Überzeugungen derer, die sie haben, und diese haben sie nicht, weil sie hypothetisch eine Wahrheitsbehauptung aufstellen, um etwas zu erklären, sondern weil sich ihnen ihre Überzeugungen in bestimmten Situationen aufgedrängt haben und sie ohne sie nicht die wären, die sie sind. Wer Bekenntnisse analysiert, muss daher von denen sprechen, die sie bekennen, und das, was bekannt wird, an die Bekennenden und die Situationen zurückbinden, in denen es bekannt wird. Bekenntnisse sind stets konkret loziert, und nur wenn das beachtet wird, kann man verstehen, was sie zu verstehen geben. All das gilt auch für christologische Bekenntnisse. Ich beschränke mich auf drei Hinweise.

---

[47] Deshalb ist es wichtig, seinen eigenen Überzeugungen gegenüber kritisch zu sein. Sie müssen nicht so sein, wie sie sind, sondern können sich ändern. Und in vielen Fällen sollten sie es auch.

## 2

Zum einen thematisieren christologische Bekenntnisse nicht Jesus nach dem Fleisch, sondern Christus nach dem Geist, handeln also nicht von Jesus dem Juden, der „geboren ist aus dem Geschlecht Davids nach dem Fleisch", sondern von Jesus, dem Christus, der „Kraft des Heiligen Geistes eingesetzt ist in die Machtstellung des Sohnes Gottes durch die Auferstehung von den Toten" (Röm 1,3 f.). Es geht um die ‚Amtsperson' Jesus Christus, nicht um die Person Jesu, wie ich oben sagte. Theologische Reflexion hat es daher nicht mit Jesus von Nazareth zu tun, sondern mit dem Christus der homologischen, narrativen, konfessorischen, hymnologischen usf. *christologischen Bekenntnisse* des Neuen Testaments (und darüber hinaus). Ihr Rohmaterial sind homologische Interpretationen wie ‚Jesus ist der Christus' (Acta 2,36 u. ö.), ‚Jesus ist der Herr' (1Kor 12,3 u. ö.), ‚Jesus ist der Sohn Gottes' (Mk 15,39), ‚Gott hat Jesus von den Toten auferweckt' (Röm 10,9). Werden diese theologisch rekonstruiert, ist der, von dem sie handeln, nicht Jesus aus dem Geschlecht Davids, sondern Christus aus der Kraft des Geistes, der Herr, der Sohn Gottes, der auferweckte Gekreuzigte, also jemand, der nicht verstanden werden kann, ohne von Gott zu sprechen, durch den er ist, wer und was er ist, und ohne von denen zu reden, für die und um derentwillen er durch Gott ist, wer und was er ist. Wer Christus sagt, muss auch von Gott und den Menschen und damit sich selbst und allen anderen reden, er muss vom Schöpfer und von der Schöpfung sprechen, und er kann nicht nur von Jesus handeln.

Ist aber Christus und nicht Jesus das Thema, um das es theologisch geht, und ist dabei von Gott und von uns Menschen zu sprechen, weil man beachten muss, durch wen und für wen er Christus ist, dann trägt historische Jesusforschung

## VII Nicht nach dem Fleisch, sondern nach dem Geist

wenig bei zur Erhellung der theologischen Probleme. Der Weg der Moderne, durch historische Jesusforschung christologische Aussagen zu fundieren, zu kontextualisieren und zu konkretisieren, ist theologisch eine Sackgasse. Das gilt für die erste Phase von Reimarus bis Schweitzer nicht weniger als für die zweite Phase von Dibelius bis Marxsen und die dritte Phase von Ed Sanders bis Nicholas Thomas Wright. Die Leben-Jesu-Forschung des 19. Jahrhunderts, die Eschatologieforschung des frühen 20. Jahrhunderts, das Jesus-Seminar, die sozialgeschichtliche Forschung und die Judentumsforschung des späten 20. und frühen 21. Jahrhunderts haben viel Wissenswertes über die geschichtlichen Hintergründe, kulturellen Kontexte, gesellschaftlichen Bewegungen und religiösen Vorstellungen zu Tage gefördert, die Jesus und die Jesusbewegung bestimmt haben (könnten) und die religiöse Denkwelt, apokalyptischen Erwartungen und eschatologischen Hoffnungen der Zeit prägten, in denen sich das Christentum entwickelt hat. Es gibt keinen Vorstellungskomplex von der Schöpfung, Auferstehung, Inkarnation, Jungfrauengeburt bis zu Opfer, Sühne, Wiederkunft und Gericht, der sich nicht auch anderswo finden lässt. Aber es gelang weder zu zeigen, dass die Christen mit ihrem Bekenntnis zu Christus nur wiederholten, was sich auch anderswo aufweisen lässt, noch ist der Nachweis gelungen, dass sich das christliche Bekenntnis aus dem ableiten lässt, was Jesus verkündet hat oder in seiner Zeit und Umwelt von anderen vertreten wurde. Mit den Vorstellungsmitteln ihrer Zeit haben die Christen vielmehr vom Anbrechen einer neuen Zeit geredet, die sich nicht aus dem Vorangehenden historisch herleiten lässt, sondern dem eschatologischen Wirken Gottes verdankt, das alle zeitlichen Kontinuitäten unterbricht und gänzlich Neues schafft. „Gott hat Jesus von den Toten auferweckt" war die Kernbotschaft der Christen, nicht „Wir setzen die Kampagne des Gekreuzigten fort, der zu Unrecht umgebracht wurde". Nicht Jesus, sondern Gott war der Akteur, auf den man sich berief. Gott aber ist kein Akteur unter geschichtlichen Akteuren, er kann mit historischen oder empirischen Mitteln nicht identifiziert und aufgewiesen werden, sondern er ist der, ohne dessen Wirken es nichts anderes gäbe, nichts Neues geschähe und nichts Altes verginge. Wo nicht nur kulturelle Sachverhalte erforscht werden, sondern Gott zum Thema wird, wo es nicht nur um Gottesvorstellungen geht, sondern Gott selbst ins Spiel kommt, da stößt historische und empirische Forschung an ihre Grenzen. Sie kann dazu nichts sagen, aber sie kann auch nicht sagen, dass es dazu nichts zu sagen gibt.

Das negative Resultat der historischen Jesusforschung ist daher eindeutig: Es führt kein gangbarer Weg von Jesus zum Christusbekenntnis, von dem, was man historisch über Jesus nach dem Fleisch in Erfahrung bringen kann, zu dem, was von ihm als Christus bekannt wird. Der entscheidende Unterschied ist nicht nur der zwischen dem „irdischen Jesus" und dem „gegenwärtig erinnerten Jesus"[48], sondern zwischen Jesus nach dem Fleisch (geschichtliche Person) und Christus nach dem Geist (Amtsperson). Theologisch ist der „gegenwärtig erinnerte Jesus" nie nur Jesus nach dem Fleisch, sondern immer Christus nach dem Geist. Nichts, was sich historisch erheben lässt, gibt einen hinreichenden Grund an die Hand, ihn als Christus zu bekennen.

Wenn Christen auf Jesus verweisen, versuchen sie daher nicht, ihrem Christusbekenntnis eine historische Grundlage zu geben. Der Verweis hat keine Begründungsfunktion,

---

48 Vgl. Heinrich Assel, Elementare Christologie. Zweiter Band: Der gegenwärtig erinnerte Jesus (Gütersloh 2020).

sondern eine hermeneutische Funktion, er verweist auf das, was zum Verstehen des Christusbekenntnisses hilfreich und dienlich ist, aber nicht auf etwas, was die Wahrheit dieses Bekenntnisses begründet oder die Vernünftigkeit, es zu bekennen, rechtfertigt. Anders als in der Regel argumentiert wird, gibt es christologische Bekenntnis nicht, weil es Jesus gibt, sondern von Jesus ist die Rede, weil es christologische Bekenntnisse gibt. Auch ohne Jesus könnte es christologische Bekenntnisse geben – nur nicht von Jesus, und dann wären es nicht die christologischen Bekenntnisse, in die Christen einstimmen. Von Jesus aber gibt es christologische Bekenntnis erst, als sein Leben zu Ende und er nicht mehr anwesend war. Erst der abwesende Jesus lässt sich als anwesender Christus bekennen, erst der Gekreuzigte und Gestorbene kann als erster Auferweckter Gottes bekannt werden. Nach Mk 8,27–9,1 (vgl. Mt 16,13–28, Lk 9,18–27) hat man Jesus zu seinen Lebzeiten für einen Propheten, für Elia, für Johannes den Täufer gehalten, aber als Messias oder Christus hat man ihn nicht bezeichnen können, ohne seinen Widerspruch zu erfahren. Erst nach seinem Tod konnte so von ihm die Rede sein. Nicht Jesus, sondern die Abwesenheit Jesu ist daher die Bedingung christologischer Bekenntnisse. Es gibt diese nicht, weil es Jesus gibt, sondern weil es ihn nicht mehr gibt, jedenfalls nicht als Mensch unter Menschen, sondern als auferweckten Gekreuzigten im Leben Gottes.

Wer wissen will, warum Jesus als Christus bekannt wird, darf die Antwort daher nicht bei Jesus suchen, sondern muss sich an die halten, die ihn so bekennen. Sie sind der historische Fußpunkt christologischer Reflexion, nicht Jesus. Die Überzeugungskraft ihrer Bekenntnisse lässt sich aber nicht daran bemessen, ob man sie in hinreichendem Wissen über Jesus fundieren kann. Ihre Bekenntnisse galten ja nicht Jesus, sondern Jesus Christus, dem auferweckten Gekreuzigten. Der aber wurde nicht in das geschichtliche Leben seiner Zeitgenossen, sondern ins Leben Gottes erweckt. Seine Auferweckung war von Anfang an keine historisch fassbare Größe, sondern ein Wirken Gottes, ein eschatologisches Ereignis im Leben Gottes, aber kein Ereignis in der Geschichte Israels. Auf dieses eschatologische Wirken Gottes war der Glaube und das Bekennen der Christen gerichtet, nicht auf irgendwelche historischen Tatsachen aus dem Leben Jesu. Sie begründeten ihre Bekenntnisse daher auch nicht mit der Überzeugungskraft der Person, des Wirkens und des Lehrens Jesu, sondern mit dem Wirken des Geistes, der ihnen die Herzen und den Verstand für dieses eschatologische Ereignis geöffnet hatte. Nur im Zusammenhang ihrer Christus-Bekenntnisse ist Jesus deshalb ein theologisches Thema, nicht unabhängig davon. Wer ihn davon abstrahieren will, um ihn nur historisch (oder soziologisch oder psychologisch oder politisch oder religionsgeschichtlich) zu betrachten, verliert ihn als Christus aus dem Blick. Nicht der Bezug auf Jesus verankert die Christus-Bekenntnisse in der Geschichte, sondern diejenigen, die Jesus als Christus bekennen.

Menschen, die das tun, müssen Jesus nicht gekannt haben, um es mit Recht zu tun. Paulus hat Jesus nicht nach dem Fleisch gekannt, wie er selbst sagt (2Kor 5,16), und für die meisten Christen gilt das auch. Man ist kein ‚besserer' Christ, wenn man Jesus gekannt hat, und kein ‚schlechterer', wenn man ihn nicht gekannt hat. So oder so gilt: „Ist jemand in Christus, so ist er eine neue Kreatur; das Alte ist vergangen, siehe, Neues ist geworden" (2Kor 5,17). Neu sind nicht nur die Bekennenden, die nicht mehr die sind, die sie zuvor waren, sondern durch Gottes Geist zu denen geworden sind, die sie jetzt sind. Neu ist auch das, was sie bekennen. Sie beziehen sich nicht auf Jesus, sondern auf Christus, nicht auf das, was man auch ohne Rekurs auf Gott von Jesus wissen kann, sondern auf das, was Gott in der Auferweckung des Gekreuzigten aus ihm gemacht hat. Sowohl was sie bekennen als auch dass sie es bekennen, ist allein von Gott gewirkt und gemacht (2Kor 5,18). Deshalb gibt es zwar Bekennende ohne Kenntnis Jesu, aber es gibt keine Bekennenden, ohne dass Gott sie durch seinen Geist dazu bringt, Christus zu bekennen (vgl. 1Kor 2, 10–16). Es gehört zu diesem Bekenntnis, beides ausdrücklich zu betonen. Man kommt zu Christus nicht durch seine Kenntnis von Jesus, sondern allein durch Gott. Und man bekennt Christus nicht aus eigenem Entschluss, sondern allein durch Gottes Geist. Luther hat das in der Auslegung zum Dritten Artikel des Glaubensbekenntnisses so zusammengefasst: „Ich glaube, daß ich nicht aus eigener Vernunft noch Kraft an Jesus Christus, meinen Herrn, glauben oder zu ihm kommen kann; sondern der Heilige Geist hat mich durch das Evangelium berufen, mit seinen Gaben erleuchtet, im rechten Glauben geheiligt und erhalten [...]."[49]

Nicht Jesus von Nazareth ist daher der historische Ankerpunkt christologischer Bekenntnisse, sondern die historische Wirklichkeit derjenigen, die Christus als ihren Herrn bekennen. Die aber lassen sich nicht verstehen, ohne auf Gottes Wirken in ihnen und für uns zu achten, ohne also nicht nur von ihnen, sondern von Gott und von uns zu sprechen. Der Grund und Anlass für die christologischen Bekenntnisse liegt nicht bei Jesus, sondern bei Gott, der den Gekreuzigten in sein Leben aufgenommen hat, um seinen Geschöpfen seine Liebe zu erschließen. Allein darauf kommt es theologisch an, und nur in diesem Zusammenhang ist auch von Jesus zu sprechen.

---

[49] Martin Luther, Kleiner Katechismus, WA 30,1, 296 (Deutsch aktualisiert).

## 3

Von Jesus, das ist das Zweite, ist theologisch daher nur das von Interesse, was das Verständnis von Gottes Liebe zu uns zu klären hilft. Seine Gottesbotschaft interessiert, nicht die Details seines Lebens, seiner Familie, seiner Ausbildung, seiner Lebensführung. Nicht dass er Mann, Galiläer, Zimmermannssohn, unverheiratet, obdachlos, ein Jude aus dem Geschlecht Davids, ein Anhänger des Täufers, der Anführer einer jüdischen Sozialbewegung war, ist theologisch von Gewicht, sondern seine Gottesbotschaft. Das gilt auch für die Evangelien. Sie erzählen das Leben Jesu nicht aus biographischem Interesse an Jesus, sondern aus theologischen Interesse an Jesus Christus als Erläuterung und Veranschaulichung seiner Gottesbotschaft. Die aber gehört zur Gottestradition Israels und kann nur in ihrem Zusammenhang zureichend verstanden werden. Jesu Gottesbotschaft nötigt daher, Israels Gottesgeschichte im Blick zu behalten, nicht aber die historische Tatsache, dass Jesus ein galiläischer Jude im römischen Reich war und als jüdischer Aufrührer (‚König der Juden‘) von den Römern getötet wurde.

Nur um dieser Gottesbotschaft willen thematisieren auch christologische Bekenntnisse Jesus. Sie sprechen von Jesus, weil das Verständnis Gottes, dessen Wirken in der Auferweckung des Gekreuzigten sie bekennen, durch Jesu Gottesbotschaft bedingt ist und erhellt wird. Gott kommt dort so zur Sprache, wie Jesus ihn zur Sprache gebracht hatte: als liebender Vater, der seinen Kindern bedingungslos Gutes tut. Christologische Bekenntnisse sprechen von Jesus als Christus, weil seine Gottesbotschaft der Schlüssel zum Verständnis von Gottes Auferweckung des Gekreuzigten ist. Nur dieser Punkt interessiert, keine biographischen Details aus Jesu Leben. Alles, was die Evangelien von Jesu Leben und Passion, Sterben und

Tod berichten, gilt der Erhellung dieser Gottesbotschaft. Sie bringen diese noch dort zur Geltung, wo Jesus an ihr verzweifelt zu sein schien: „Eli, Eli, lama asabtani? [Mein Gott, mein Gott, warum hast du mich verlassen?]" (Mk 15,34). Auch wo er selbst ihre Wahrheit nicht mehr erlebte, erfuhren sie andere – der römische Hauptmann, der ihn nach Mk als erster als Gottes Sohn bekannte (Mk 15,39), die Frauen, die ihm gefolgt waren, aber nichts sagten, weil sie Angst hatten (Mk 15,40–16,9), die Jünger, die es nach der späteren Ergänzung des Markusevangeliums von den Frauen erfuhren (Mk 16,9–20) und zu den ersten Verkündern der Auferweckungsbotschaft wurden.

Alle historische Forschung zum Leben Jesu, die sich auf etwas anderes als die Erhellung seiner Gottesbotschaft richtet, geht daher am theologisch entscheidenden Punkt vorbei. Man kann Jesu Leben wie jedes Leben rein historisch untersuchen und anhand der verfügbaren Quellen mehr oder weniger Interessantes herausfinden. Will man bei Jesus nach dem Fleisch aber etwas finden, was verständlich macht, warum er als Christus nach dem Geist bekannt wird, wird man nicht fündig werden. Die Antwort darauf ist nicht im historischen Rückgang auf das Leben Jesu, sondern allein in der theologischen Beachtung des Wirkens Gottes zu finden. Nur in der Kraft des Geistes durch die Auferweckung von den Toten ist er zum Christus des Bekenntnisses geworden. Ohne Gott hätte es diese Auferweckung nicht gegeben, und ohne ihn würde es auch keine Menschen geben, die das bekennen würden. Zu jedem Bekenntnis gehört daher eine Bekenntnisgemeinschaft und Bekenntnispraxis, die sich ihrerseits dem Wirken Gottes verdankt. Nicht nur das, was bekannt wird, sondern auch, dass es bekannt wird, wird daher auf Gott zurückgeführt. Das ist beim Versuch, Bekenntnisse theologisch zu verstehen, stets mitzubedenken.

## 4

Wird das beachtet, dann wird zum Dritten deutlich, dass Bekenntnisse keine selbstanfänglichen Aussagen sind, sondern auf etwas Vorausgehendes, auf das Wort der Verkündigung bzw. das Wort vom Kreuz, *antworten*. Sie nehmen responsorisch etwas auf und sagen es in fortbestimmender Weise weiter. Sie setzen keinen Anfang, sondern führen etwas Angefangenes in bestimmter Weise fort, interpretieren also etwas im Licht eines schon in Gang befindlichen Interpretationsprozesses. Das heißt, sie sprechen im Horizont der Kommunikation des Evangeliums weiter, auf die sie antworten. Insofern sind christologische Bekenntnisse *anaphorische Interpretationen im Horizont der Evangeliumskommunikation*.

Entscheidend für die christologische Reflexion ist damit aber, dass der theologischen Rekonstruktion eine christologische Kommunikation vorausliegt, die durch vier Züge ausgezeichnet ist: Erstens gehört zu ihr eine *homologische Situation* (*dass etwas bekannt wird*), in der ein bestimmter Referent (*dieser – von dem so und so die Rede ist ...*) *als etwas* bzw. *als jemand* (*als Christus* bzw. *als auferweckter Gekreuzigter*) bezeichnet und bekannt wird. Zweitens hat sie eine *soteriologische Pointe* (*für wen* bzw. *zu wessen Gunsten das bekannt wird: für uns*). Drittens besitzt sie eine *hermeneutisch-mediale Dimension* (*wie und mit welchen Mitteln das bekannt wird, was sie bekennen: durch das ...*). Das Vierte ist, dass alle Kommunikation nach Niklas Luhmann als dreifache Selektion von Mitteilung, Information und Verstehen verstanden werden kann. *Dass* man kommuniziert, *was* man kommuniziert und *wie* das verstanden wird, sind jeweils kontingente Entscheidungen, die auch anders hätten ausfallen können. Jede konkrete Kommunikation ist durch diese drei Kontingenzen charakterisiert und nur zu verstehen, wenn sie beachtet werden. Wendet man diese Analyse auf die christologische Kommunikation an, sind folgende Aspekte hervorzuheben:

1. In pragmatischer Hinsicht sind Bekenntnisse *Mitteilungen* einer bestimmten Form, die für sie gewählt wird, weil sie Antworten auf ergangene Christus-Verkündigung und Evangeliumskommunikation sind. Wie Bekenntnisse anaphorisch auf die Verkündigung zurückverweisen, so gehört zur homologischen Situation stets anaphorisch eine kerygmatische Situation. Umgekehrt gilt, dass es zu Bekenntnissen nur kommt, weil und insofern das Evangelium verkündet und durch Gottes Wirken selbst geglaubt wird. Wo nichts verkündet wird, kann auch nichts geglaubt werden, und verkündet wird das Evangelium nur, wenn Gott selbst Menschen dazu bringt, das zu tun (Röm 10,15).

2. Wie Bekenntnisse als *Informationen* zu verstehen sind, hängt an der Konstruktion ihrer semantischen Struktur. Versteht man sie so, dass sie auf *Jesus* referieren, werden sie primär als *historische* Informationen interpretiert. Versteht man sie so, dass es um *Jesus Christus* und damit das *Heilswirken Gottes* geht, wird man sie primär als *theologische* Informationen deuten. Da beides faktisch nicht getrennt werden kann, die Referenz auf Jesus also nur dann theologisch (christologisch) ist, wenn sie im Horizont des Heilswirkens Gottes stattfindet, scheint es die adäquateste Rekonstruktion der Semantik von Bekenntnissen zu sein, sie so zu verstehen, dass sie anaphorisch nicht auf Jesus, sondern auf die Verkündigung von Gottes Heilswirken in Jesus Christus referieren: Ihr Bezugsgegenstand ist nicht einfach Jesus, sondern der als Christus bekannte Jesus. Es geht nicht um Jesus als historische Wirklichkeit, sondern um das, was Gott durch diese wirkt.

Der informative Sinn von Bekenntnissen ist damit auch nicht einfach das, was von Jesus gesagt wird, sondern das, was durch das, was von Jesus gesagt wird, über Gott und die Adressaten der Bekenntnisse gesagt wird. Paulus hat das Problem in Röm 10,12–15 präzis beschrieben. Wer die Christusverkündigung nur als das hört, was bestimmte Menschen über Jesus sagen, wird vom Hören nicht zum Glauben kommen (Röm 10,14). Dazu kommt es erst, wenn man beachtet, dass Gott diese Menschen gesandt, also autorisiert hat, von Jesus als Christus zu reden, so dass, wer sie hört, ihn hört (Röm 10,15). Nur wer mithört, dass sie im Namen und Auftrag Gottes reden, wird ihre Botschaft so hören, dass das Hören zum Glauben führen kann. Denn dann ist nicht Jesus der Bezugsgegenstand ihrer Botschaft, sondern das, was der, der sie beauftragt und gesandt hat, durch diesen Jesus für die Menschen gewirkt und getan hat. Es geht um ein Heilswirken Gottes, nicht um einen Bericht über Jesus. Deshalb reden sie nicht von Jesus, sondern von Jesus Christus. Erst dadurch werden die Christus-Verkündiger nicht nur zu Vermittlern von Informationen über Jesus, sondern zu „Freudenboten", die etwas für die Menschen „Gutes verkündigen" (Röm 10,15). Mit historischen Informationen geht man richtig um, wenn man sie kritisch prüft. Eine ‚Freudenbotschaft' dagegen versteht man richtig, wenn man entdeckt, dass das Gute, von dem sie spricht, auch einem selbst gilt und bei einem selbst sich einstellt. Der Fokus liegt nicht auf dem, von dem gesprochen wird, sondern auf denen, zu denen gesprochen wird. Erst so kann das Hören der Christus-Botschaft zum Glauben führen (Röm 10,14). Der Glaube richtet sich nie nur auf einen Jesusbericht, sondern immer und ausschließlich auf Gott, und zwar nicht nur darauf, dass Gott damals und dann bei anderen an einem anderen Ort etwas Bestimmtes getan hat bzw. haben soll, sondern dass er hier und jetzt bei denen, die hören, Gutes wirkt. Wenn nicht von Gott die Rede ist, kann es auch keinen Glauben geben, und wenn nicht von etwas Gutem, was den Hörern hier und jetzt in ihrem Leben geschieht, geredet wird, ist nicht von Gott die Rede. Gott ist kein Gott der Vergangenheit, sondern der Gegenwart. Und deshalb sind die Bekenntnisse nicht Informationen über Vergangenes, sondern ein Zustimmen zu Gegenwärtigem.

3. Das *Verstehen* von Bekenntnissen muss dementsprechend auf mehreren Ebenen stattfinden. Zum einen sind in der hermeneutischen Dimension die von ihnen verwendeten Sprachmittel (Metaphern, Bilder, Stil) und deren Hintergrundtraditionen zu verstehen (christologische Hoheitstitel). Zum anderen ist darüber hinaus ihre soteriologische Pointe herauszuarbeiten, also verständlich zu machen, dass ihre soteriologischen Prädikate eine universale Referenz haben, also nicht nur einige, sondern alle Menschen meinen. Man könnte geradezu von einer kataphorischen Referenz des in den christologischen Bekenntnissen ausgesagten Heilswirkens Gottes auf alle Menschen hin sprechen, die es zu verstehen gilt. Gilt es von einem, dann gilt es von allen, und gilt es nicht von allen, dann gilt es von keinem. Wenn es einen radikalen Universalismus gibt, dann hier: *Alle* sind angesprochen als Adressaten des Heilswirkens Gottes, nicht nur die konkret Anwesenden einer Evangeliumskommunikation. Das Gute, das sie verkündet, ist daher nie nur Gutes für die, denen sie es konkret verkündet, sondern es ist auch für diese nur etwas Gutes, weil es *allen* Menschen, „Juden und Griechen" (Röm 10,12–15), Römern und Germanen, Frauen und Männern, Jungen und Alten, Herren und Sklaven, Armen und Reichen gilt. Wer in das Heilswirken Gottes Restriktionen auf irgendeine bestimmte Gruppe von Menschen einzeichnen will, hat es als Heilswirken missverstanden und verfehlt. Deshalb lässt sich im Rekurs auf das Heilswirken Gottes, zu dem das Christus-

Bekenntnis Amen sagt, keine Gruppenidentität begründen, und deshalb sind Christen keine Religionsgruppierung unter anderen, sondern diejenigen Menschen, die Gottes Heilswirken für alle Menschen allen Menschen zusagen, verständlich machen, kommunizieren wollen. Jeder Mensch kann Christ sein, wenn er in das Bekenntnis einstimmt, dass Gott, der den Gekreuzigten in sein Leben auferweckt hat, auch in seinem Leben Gutes wirkt. Er kann in dieses Bekenntnis einstimmen, wenn sich ihm Gottes Gegenwart in seiner eigenen Gegenwart erschließt – in seinem eigenen Leben oder im Leben anderer, das er erlebt. Und das geschieht dann, wenn einem der Geist die Augen, die Ohren und das Herz dafür öffnet, zu sehen, was man nicht sieht, und zu hören, was man nur sagen, aber nicht aufzeigen kann: dass im Leben mehr geschieht, als man wahrnimmt und erlebt, weil in ihm Gott am Werk ist.

## 5

Entscheidend ist nun, dass die christologische Reflexion nicht nur über einem dieser Aspekte aufgebaut wird, also z. B. die Analyseebene der Information zur alleinigen Basis christologischer Reflexionsaussagen gemacht wird. Wo das geschieht, stellen sich Mythologisierungen und metaphysische Fehldeutungen ein, indem man den christologischen Sprachbildern einen *vorstellungsmäßigen* oder einen *ontologischen* Sinn zu geben sucht, statt sie von ihrer Kommunikationsfunktion und -leistung her zu verstehen.

Demgegenüber ist ein Dreifaches zu beachten: 1. Als *Mitteilung* betrachtet ist christologische Kommunikation in je bestimmten historischen Situationen mit ihren jeweils spezifischen Horizonten loziert. Auf der einen Seite sind diese als der *historische Kontext* der einzelnen christologischen Bekenntnisse schon im Neuen Testament recht verschieden;

man denke nur an die Unterschiede der johanneischen, paulinischen, matthäischen oder lukanischen Gemeinden. Auf der anderen Seite sind sie aber jeweils in einem analogen *systematischen Kontext* situiert, insofern sie systematisch zurückbezogen und rückzubeziehen sind auf eine Verkündigungssituation des Evangeliums. Da der systematische Kontext nicht in allen historischen Kontexten in adäquater oder bestmöglicher Weise gewahrt ist, bedarf es der theologischen Entscheidung darüber, was eigentlich der maßgebliche systematische Kontext einer Christologie ist. Die Entscheidung für *das Heilswirken Gottes* wird beileibe nicht von allen Christologien geteilt, vor allem nicht in der Moderne. Entsprechend verschieden sind auch die Rekonstruktionen und Gewichtungen der historischen Kontexte und Situationen der neutestamentlichen Christusbekenntnisse, indem z. B. die paulinischen Ausführungen den johanneischen gegenüber privilegiert werden (oder umgekehrt).

2. Als *Information* betrachtet sind christologische Kommunikationen in dreifacher Weise loziert. Zum einen verweisen sie auf die ‚Jesus-Situation', d. h. Jesu Leben, Lehren und Leiden, zum anderen auf die ‚Offenbarungssituation', d. h. darauf, dass sich in Jesu Leben, Lehren und Leiden Gottes Willen für uns zeigt, und schließlich auf die ‚Kommunikationssituation', d. h. darauf, dass Gottes Wille für uns im Rekurs auf Jesu Leben, Lehren und Leiden den jeweils gegenwärtigen Menschen als Evangelium kommuniziert wird.

3. Als *Verstehen* betrachtet loziert die christologische Kommunikation die Partizipanten und Interpreten schließlich in bestimmten Rezipientensituationen, so dass man kritisch zwischen einem Verständnis von ‚Christus' oder ‚Sohn Gottes' in früheren Texten und späteren Interpretationen dieser Bestimmungen unterscheiden muss. Denn dass das

Heilswirken Gottes uneingeschränkt allen Menschen gilt und nicht nur einer bestimmten Gruppe unter den Menschen und den anderen nicht, das musste im theologischen Nachdenken über das, was mit ‚Christus‘, ‚Sohn Gottes‘ und anderen sog. ‚christologischen Titeln‘ gesagt wurde, erst sukzessive entdeckt, entfaltet und durchdacht werden. Was allen gilt, wird nicht von allen jederzeit auch in gleicher Weise zum Ausdruck gebracht und verstanden. Deshalb ist theologische Reflexion nötig, um das Missverstehen christologischer Kommunikationen zu korrigieren oder zu verhindern – unter Wahrung ihrer Fremdheit und unter Beachtung ihrer Bemühung, unter anderen kulturellen Bedingungen als denen der Gegenwart für Menschen einer anderen Kultur und Zeit das Heilswirken Gottes für alle Menschen verständlich zur Sprache zu bringen.

Die Pointe christologischer Lehrbildungen müsste sein, diese drei Aspekte gleichermaßen im Blick zu haben und systematisch zu rekonstruieren: Man kann die der christologischen Reflexion vorausgehende christologische Kommunikation theologisch nur adäquat verstehen und explizieren, wenn man alle drei Dimensionen – *dass* kommuniziert wird (Mitteilung), *was* kommuniziert wird (Information), und *wie* es verstanden wird (Verstehen) – gleichermaßen berücksichtigt. Wo keine Kommunikation stattfindet, wird auch nichts kommuniziert, und wo kommuniziert wird, wird das immer in bestimmter Weise verstanden. Die historische Kontingenz des *Dass*, die theologische Kontingenz des *Was* und die kulturell-hermeneutische Kontingenz des *Wie* gehören zu aller christologischen Kommunikation. Nur unter Beachtung dieser dreifachen Kontingenz lässt sich die Universalität des Heilswirkens Gottes in Christus für alle Menschen sachgerecht zur Sprache bringen.

# VIII Vom Wesen des Menschen zur Existenz Jesu Christi

### 1

Erst wo das geschieht, werden die wirklichen christologischen Probleme deutlich und nicht nur die Scheinprobleme, die sich aus einem methodisch einseitigen Ansatz der Christologie und dessen Folgen ergeben. So stellen sich Fragen wie: Warum wird hier was von wem wie bekannt? Wer und was ist *Jesus Christus*, von dem all das bekannt wird? Was heißt es für *Jesus*, wenn er als Christus bekannt wird, und was heißt *Christus*, wenn Jesus so bezeichnet wird? Wer und was ist *Gott*, der hier bekannt wird? Wer und was sind *die Bekennenden*, die hier christologisch kommunizieren? Wie wurden sie dazu (Geist), und was sind sie, wenn sie das wurden (Glaube)? Und schließlich: Wie kann so zum Ausdruck gebracht werden, dass in diesem Jesus Christus etwas *für alle Menschen und die ganze Welt Entscheidendes* passiert ist? Oder anders gefragt: Wie ist das *für alle* zu denken?

Jeder dieser Aspekte muss in einer Christologie, die das Für-uns-Sein Gottes entfaltet, berücksichtigt werden, indem die vielfache *Kontingenz* des Geschehens bedacht wird. Wie ist das zu denken, wenn doch zugleich das soteriologische *Es musste so geschehen* zu bedenken ist? Und wie lässt sich dabei das *für alle* nachvollziehbar denken?

### 2

Die zentrale Antwort der klassischen (ontologischen) Christologie lautete: Dieser soteriologische Bezug auf *alle* ist über die *gemeinsame Menschheit* zu denken, die Jesus Christus mit uns allen teilt. Er ist ein Mensch, hat also *dieselbe Menschheit* wie wir. Diese teilt er mit uns, und er hat sie ‚erlöst', also so gelebt, dass die Sündenschädigung durch Adam aufgehoben und beseitigt wurde. Deshalb ist er nicht nur ein Mensch, sondern in „seiner Menschheit ist der allbestimmende Mittelpunkt, das reale Princip der wahren Menschheit gegeben."[50] Das heißt einmal: Er hat das mit uns gemeinsame Menschsein auf *vollkommene* Weise gelebt (insofern ist er besser als Adam). Und das heißt zum andern: Er hat es so vollkommen gelebt, dass damit unsere unvollkommene Realisierung und sündige Verfehlung *wieder gut gemacht*, bereinigt, zurechtgerückt wurde (insofern ist er mehr als Adam). Deshalb wird mit Gregor von Nazianz gesagt: *Quod non assumptum non sanatum* (Was nicht in Gottes Leben aufgenommen wird, wird nicht geheilt).

Theologisch ist also aus soteriologischen Gründen auf der ganzen und vollen Menschheit Jesu Christi, dem *vere homo* zu insistieren. Dass er *wahrhaft Mensch* ist, wird in der christologischen Tradition aber nicht existenziell, sondern ontologisch verstanden, also nicht so, dass Jesus Christus *existiert* hat, wie wir existieren, sondern dass er *ein Mensch* war, wie wir Menschen sind, aber auf die exemplarische Weise, dass seine Menschheit zeigt, was wir eigentlich sind oder sein könnten. Die Bezogenheit zwischen ihm und uns und die Differenz zwischen ihm und uns werden also beide über den Begriff der Menschheit, den Allgemeinbegriff des menschlichen Wesens bzw. der menschlichen Natur gedacht. Der aber ist systematisch fragwürdig, weil sich seine Bestimmung im Prozess der Evolution verändert hat und sich absehbar weiter

---

50 Dorner, Entwicklungsgeschichte (s. Anm. 40), 1241.

## VIII Vom Wesen des Menschen zur Existenz Jesu Christi

verändern wird. Menschen waren nicht immer Menschen im selben Sinn, die Menschheit der Menschen ist vielmehr eine dynamische, sich verändernde und aus verschiedenen Perspektiven unterschiedlich bestimmbare Größe. Während man im aristotelischen Wissenskosmos nach einer eindeutigen ‚Definition' von Menschheit zum Begreifen des Menschseins suchen konnte,[51] ist das heute unter evolutionären Bedingungen so nicht mehr möglich. Es ist daher abwegig, das wahre Menschsein Jesu Christi an eine bestimmte Realdefinition der menschlichen Natur aus der Geschichte zu binden. Man muss vielmehr versuchen, das was hier ‚Mensch' heißt, theologisch ganz aus dem Verhältnis zu Gott zu bestimmen und das soteriologisch Entscheidende ohne Bezug auf eine bestimmte empirische Fassung des Wesens des Menschen auszusagen.

Auch der theologischen Tradition war bewusst, dass die soteriologische Signifikanz Jesu Christi argumentativ nicht mit einem Schluss von der Menschheit der Menschen auf die Person Jesu Christi begründet werden kann, sondern nur umgekehrt mit einem Schluss von der Einzigartigkeit seiner Person auf die Perfektion seiner Menschheit. Dass die Menschheit Jesu Christi, so Dorner, „das reale Princip der wahren Menschheit" ist, wird nicht durch Vergleich und Abstraktion aus der Empirie und Geschichte der Menschen erschlossen, sondern folgt aus der theologischen Überzeugung von der einzigartigen Bedeutung der Person Jesu Christi. Erst die Auf-

---

[51] Die klassische Realdefinition ist im strengen Sinn keine Definition eines Terminus wie die Nominaldefinition, sondern eine Erkenntnishypothese über einen Sachgegenstand. ‚Menschheit' bezeichnet den Wesensbegriff des Menschen, ‚Menschsein' den konkreten Fall der Menschheit in der Erfahrungswirklichkeit, also das Dasein eines Menschen.

fassung, dass die „Person Christi von [...] kosmischer und metaphysischer Bedeutung" sei, gibt einen Grund an die Hand, „seiner Menschheit eine wesentliche Bedeutung zu verleihen"[52].

Im Kontext der klassischen Zwei-Naturen Lehre wurde das dadurch angezeigt, dass Jesus Christus einerseits der wahre (vollkommene) Mensch ist (aber eben darin unterscheidet er sich nicht prinzipiell von uns), und andererseits der Mensch, der als vere deus uns unvollkommene Menschen wahr macht (darin unterscheidet er sich prinzipiell von allen anderen). Das vere deus wird dementsprechend allein auf Jesus beschränkt gedacht: In diesem Jesus war Gott ganz da, so dass man sagen kann: Gottes Präsenz in Jesus unterscheidet diesen ganz und gar von uns, während seine Menschheit ihn ganz und gar mit uns verbindet – wie immer man diese inhaltlich bestimmt.

Doch die Pointe der neutestamentlichen Bekenntnisse ist genau umgekehrt: Nicht seine mit uns geteilte Menschheit, sondern Gottes Präsenz ist das, was Jesus Christus als fundamentale Realität auch für uns erschließt und vor Augen stellt. Seine Menschheit dagegen hat er so verschieden von jedem anderen Menschen gelebt, wie wir es auch tun.

3

Die daraus zu ziehende Folgerung ist nun nicht, dass Jesus trotz seiner Gottheit ganz und gar Mensch war, ein Mensch wie du und ich sozusagen, oder dass ihn gerade seine Gottheit als „Person des innertrinitarischen Sohnes als wahrer Mensch"[53] erwies, sondern dass er in seinem ganz individuel-

---

52 Dorner, Entwicklungsgeschichte, 1241.
53 Menke, Inkarnation (s. Anm. 2), 70–92.

len und eigentümlichen Menschsein deutlich machte, was es heißt, dass Gott einem menschlichen Leben als Evangelium gegenwärtig ist. Es ist also gerade umgekehrt: Wie Jesus sein *Menschsein* gelebt hat, unterscheidet ihn von jedem anderen Menschen, *Gottes Gegenwart* bei ihm dagegen teilt er mit jedem Menschen. Nicht die gemeinsame Menschheit verbindet andere Menschen mit Jesus, jedenfalls nicht in einem soteriologisch relevanten Sinn, sondern die Gemeinsamkeit, dass Gott auch ihnen so gegenwärtig ist, wie er Jesus gegenwärtig war. Als Menschen sind wir alle verschieden; dass wir alle nur existieren, weil Gott unserer Gegenwart gegenwärtig und als Liebe in unserem Leben am Werk ist, macht uns alle gleich.

Die *Differenz* zwischen Jesus und uns im Hinblick auf Gottes Gegenwart besteht also nicht darin, dass Gott nur ihm, aber nicht uns gegenwärtig wäre, oder dass er ihm anders (nämlich als ein anderer) gegenwärtig wäre als uns, sondern dass Gottes Gegenwart *durch Jesus als Gegenwart seiner Liebe offenbar wird*, Gott seine Gegenwart bei uns in ihm und durch ihn als Heilsgegenwart, als Gegenwart seiner Liebe zu uns, erschließt. Man muss also keine ‚gemeinsame Menschheit' *(humanitas)* konstruieren, um die Universalität des Heils denken zu können, sondern man muss Gottes universale Präsenz als Evangelium denken, d. h. Gottes Präsenz einerseits bei jedem und jeder in der jeweiligen Lebenssituation, und andererseits so, wie er Jesus präsent war und sich durch ihn erschlossen hat: als *erbarmende, rettende, befreiende, schöpferische Liebe*.

Anders gesagt: Christologie kann und muss *ohne das Konstrukt einer anthropologischen Allgemeinheit (eines Natur- oder Wesensbegriffs des Menschen)* entworfen und entfaltet werden. Ein solches Konstrukt der Menschheit ist theologisch nicht nur nicht nötig, sondern es verdunkelt die theologische Pointe dessen, was das christologische Dogma zum Ausdruck bringen will. Nicht dass Jesus ein Mann, ein Jude, ein Sohn Mariens war (oder was immer sonst man hier an historischen und empirischen Fakten nennen könnte), ist theologisch relevant und entscheidend, sondern dass gerade hier, in ihm und durch ihn, Gott sich als der erschließt, der für die Menschen und das Heil seiner Schöpfung agiert. Jesu konkrete Existenz (‚Dieser da'), nicht seine Menschheit (‚Dieser Mensch') erschließt das Heil der Gegenwart Gottes. Wir benötigen deshalb keine (immer nur aus einer besonderen Perspektive konstruierbare) *Konzeption des Wesens des Menschen*, um das Heil zu denken, also das, was es heißt, als Mensch in rechter Weise durch, mit und vor Gott zu existieren, sondern wir benötigen Aussagen über die *Existenzsituation jedes Menschen vor Gott: dass Gott in ihr dem Menschen* – jedem Menschen und in allen Varianten des prähumanen, humanen und transhumanen Mensch- und Geschöpfseins – *als erbarmende, rettende, befreiende, schöpferische Liebe präsent ist*, so dass jeder sich seinen Fähigkeiten und Anlagen entsprechend an der Gegenwart von Gottes Liebe, der er sein Dasein verdankt, orientieren und als Nächster Gottes sein Leben mit Gottes Nächsten leben und gestalten kann.

### 4

Damit wird die Entwicklung der Neuzeit als Verselbständigung der problematischen Entscheidung der klassischen (altkirchlich-mittelalterlichen) Christologie durchschaubar, die Allgemeinheit und Universalität des in Jesus Christus erworbenen Heils nicht über die Universalität der dem Schöpfer verdankten Existenz (Da-Sein), sondern über die Allgemeinheit des dort gelebten Wesens des Menschen zu denken

(Mensch-Sein).[54] Die ‚anthropologische Kehre' der modernen Christologie ist die konsequent zu Ende gedachte ‚Anthropologisierung' des Heils – eine Bestimmung des Wesens und Lebens der Menschen unter Absehung von ihrer Existenz und unter Ausblendung des Gottesbezugs ihrer Existenz. Das in der Geschichte vielfach und – abhängig vom Stand des Wissens – verschieden charakterisierte ‚Wesen' des Menschen (seine ‚Natur') ist durch die Differenzen zu anderen Lebewesen bestimmt und lässt sich ohne Bezugnahme auf Gott fassen. Man kann sagen, was der Mensch ist bzw. was man unter ‚Mensch' versteht, ohne von Gott zu reden. Das ist anders, wenn es darum geht, dass es Menschen gibt, obgleich es sie auch nicht hätte geben können. Mensch-*Sein* lässt sich ohne Rekurs auf Gott verstehen, *Mensch*-Sein dagegen nicht. Theologie muss daher existenziell (Existenzbezogen), nicht anthropologisch (Wesensbezogen) ausgerichtet sein. Das Da-Sein, nicht das Was-Sein des Menschen wirft die entscheidenden theologischen Fragen auf. Erst hier stellen sich Orientierungsprobleme, und mit diesen befasst sich die Theologie.

Theologen wie Wolfhart Pannenberg, Eilert Herms, Karl Rahner, Joseph Ratzinger u. v. a. m. sehen das anders und versuchen, in die Bestimmung des Wesens des Menschen den Gottesbezug einzuzeichnen, um so die ‚Entgöttlichungstendenz' der Aufklärungsmoderne zu korrigieren. Doch das, so hat Eberhard Jüngel immer wieder nachdrücklich unterstri-

---

[54] Das Da-Sein in seiner Kontingenz (es ist wirklich, obgleich es auch nicht hätte wirklich sein können) verweist auf Gott, das Mensch-Sein dagegen konstituiert sich durch seine Differenzen zu anderen Geschöpfen. Die Bestimmung des Begriffs des Menschen behält ihre Gültigkeit auch dann, wenn es keine Menschen gibt. Vom Dasein der Menschen aber kann man nur handeln, wenn es sie gibt.

chen, ist der falsche Weg:[55] Eher müsste man wie Kierkegaard vorgehen, also gar kein ‚Wesen' des Menschen konstruieren, weil jede Konstruktion von Interessen geleitet ist, die sie prägen, sondern Gottes Gegenwart als Existenzgrund unserer Gegenwart denken. Nur als universale Präsenz und freie Vergegenwärtigung der erbarmenden Liebe Gottes kann die Universalität des Heils gedacht werden. Und um dieses Heil *konkret* bestimmen und als *erbarmende Liebe* Gottes verstehen zu können, ist auf Gottes Präsenz in und bei Jesus Christus zu rekurrieren. Denn Gott ist universal jedem Menschen so präsent, wie er Jesus präsent war: als liebender Vater. Deshalb ist jeder, der existiert, Kind, Erbe und Nächster Gottes, der dessen Liebe entspricht, wenn er alles, was ist, als Gottes Schöpfung respektiert und sich und die anderen am Leitfaden des Liebesgebots als Gottes Nächste würdigt.

5

Die Einsicht in die Verzichtbarkeit einer besonderen, christologisch motivierten Anthropologie hat Folgen für die Methode der Christologie. So braucht christologische Reflexion zum Aufweis der universalen Heilsrelevanz Jesu Christi nicht das Menschenverständnis einer bestimmten Kultur in deren anthropologischen Kategorien zu propagieren (‚Jeder Mensch qua Mensch ist so und so'), und sie bedarf auch keiner an-

---

55 So kennzeichnet er den Denkweg von *Gott als Geheimnis der Welt* (Tübingen [8]2010), X folgendermaßen: „Nicht aufgrund allgemeiner anthropologischer Bestimmungen Gottes Denkbarkeit zu demonstrieren, sondern aufgrund des zur Gotteserfahrung führenden Ereignisses der Selbstmitteilung Gottes sowohl diesen als auch den Menschen zu denken und so die christliche Wahrheit allein aus ihrer inneren Kraft heraus in ihrer allgemeinen Geltung als die eine Wahrheit erweisen – das ist das Ziel des in diesem Buch eingeschlagenen Denkweges."

thropologischen oder ethischen Analogien auf der Basis einer mehr oder weniger fantasiereichen historischen Jesulogie („Man muss ein so guter Mensch sein wie Jesus es war'). Christologie müsste vielmehr strikt theologisch (gottbezogen) ansetzen und sich ganz auf das konzentrieren, was Jesu Beziehung zu Gott und Gottes Beziehung zu Jesus für Gottes Beziehung zu uns erschließt, also nicht anthropologisch seine Menschheit oder historisch seine Geschichte, sondern existenziell seine Person zum Thema machen.[56] Jesus käme dann ausschließlich als Mittler oder Versöhner oder Offenbarer zur Sprache, es ginge um sein ‚Werk' und um ihn als Amtsperson, als Jesus Christus. *Jesus Christus ist das Evangelium in Person* – das Evangelium von Gottes guter Gegenwart auch bei denen, die Gott ignorieren. Diese Gottesgegenwart, nicht die Ereignisse von Jesu Passionsgeschichte für sich betrachtet, bildet den Horizont zum Verständnis seines Leidens und Sterbens als Heilsvollzug: So realisiert sich Gottes Heilsnähe in seinem Fall und in jedem Fall. Jesus Christus ist Erlöser, Versöhner, Mittler des Heils, weil sein Leben und Sterben Gottes neu- und lebensschaffende Liebe und Gegenwart belegen. Er ist der Ort, an dem Gott selbst den bestimmten und definitiven Charakter seiner Gegenwart bei uns erschließt, und in diesem Sinn ist Jesus Christus die Selbstoffenbarung Gottes für die Menschen.

Ohne diesen soteriologischen Für-Bezug ins Zentrum zu stellen, verliert Christologie ihre Pointe. Methodisch liegt ihr Fokus nicht auf Jesus, sondern – weil Jesus theologisch aus-

---

[56] Eben das ist die zentrale Einsicht der Trinitätslehre und ihrer Konkretion in der An- und Enhypostasielehre: *Gott der Sohn ist die Person Jesu*. Es geht um die *Amtsperson* Jesu Christi, nicht um eine geschichtliche Person aus dem Israel der Zeitenwende unter Absehung von dieser Amtsfunktion.

schließlich als Christus in den Blick kommt – auf dem, was von Jesus Christus aus über die Situation der Menschen vor Gott deutlich wird. Sie entwirft daher keine anthropotheologische Sonderlehre der Person Jesu Christi, sondern versucht, die je vorfindliche Wirklichkeit menschlichen Lebens von Christus her für Gottes gnädige Gegenwart durchsichtig zu machen. Dieser Gegenwart gilt ihr Interesse, und weil diese Gegenwart immer Gottes Gegenwart in der Gegenwart eines konkreten Lebens ist, kann christologische Reflexion nie nur von Jesus und Gott, sondern muss immer auch von Gott und den Menschen in ihren konkreten Lebenskontexten handeln.

In dieser Hinsicht könnte man geradezu von einer *Inkulturationsunverzichtbarkeit* christologischer Reflexion sprechen. Ihr Leitinteresse ist nicht theoretisch-metaphysisch, sondern praktisch-soteriologisch, es geht nicht um eine Theorie Jesu Christi, sondern um das Aufdecken und Erkunden der Möglichkeiten menschlichen Lebens im Licht der in Jesus Christus erschlossenen Gegenwart der Liebe Gottes. Von der Auferweckung des Gekreuzigten her entfaltet sie, wer und was *Gott* ist und wie und als was *Mensch* und *Welt* von diesem Gottesverständnis her in den Blick kommen. So ist *Mensch* der, dem Gott so gegenwärtig ist (*imago dei*), wie er Jesus Christus gegenwärtig war: als liebender ‚Vater', wie das Credo in Aufnahme der Gebetsrede Jesu sagt, so dass der Mensch als ‚Kind Gottes' bestimmt und gewürdigt wird. Entsprechend ist die *Welt* der Ort, an dem Gott dem Menschen gegenwärtig ist (Schöpfung) und in spezifischer Weise gegenwärtig wird (Erlösung), so dass es zur Aufhebung der Entfremdung des Menschen von Gott durch Gott selbst kommt: Die Welt ist der Lebensraum, in dem Gott die Abwendung der Menschen von ihm überwindet, indem er ihnen Zeit und Raum zum Leben mit ihm einräumt. Und deshalb ist *Gott* kein anderer als der,

der den Menschen in ihrer Welt als ihr Gott so gegenwärtig wird, dass sie in der Welt mit Gott leben können, niemals ohne Gott sind und deshalb auch nicht ohne Gott sterben müssen: Gott ist nicht nur da, sondern *Gott ist für uns da*. Sein Dasein ist Zuwendung und seine Zuwendung Liebe.

Das ist das Erfreuliche, das im Evangelium zur Sprache kommt. Deshalb ist dieses eine Botschaft, die nicht droht und erschreckt, sondern Freude macht, und deshalb sind diejenigen, die das Evangelium verbreiten und verkünden, „Freudenboten", die den Menschen „Gutes verkünden" (Röm 10,15). Daran erinnert das christologische Dogma, und das ist auch seine Bedeutung für die christliche Theologie: Von Gott ist theologisch noch nicht oder nicht mehr die Rede, wenn Gottes Gegenwart bei uns nicht als Evangelium für alle Welt zur Sprache gebracht wird. Theologie ist deshalb keine christliche Theologie, wenn sie nicht evangelische Theologie ist. Und das ist sie nur, wenn sie am Leitfaden der Gegenwart der Liebe Gottes eine universale soteriologische Perspektive entwickelt, also durchgängig Soteriologie ist.

# IX Christologie als Soteriologie

**1**

Christologie, so verstanden, ist durchgängig Soteriologie – also das systematische Nachdenken darüber, dass Gott nicht nur unser Dasein, sondern unser Wahrsein, Gutsein, Rechtsein, kurz: unser wahres Menschlichsein *coram deo* möglich macht. Durch Gott werden wir, was wir durch uns und aus eigener Kraft nicht werden können: Geschöpfe seiner Liebe und Adressaten seiner Zuwendung. Was das für uns, unsere Welt und Gott besagt, durchdenkt die christliche Theologie. Jeder theologische Gedanke im Christentum ist deshalb ein soteriologischer Gedanke oder er ist kein christlicher Gedanke. Das gilt für die Christologie im weiteren Sinn (also die ganze christliche Theologie), das gilt aber auch für die Christologie im engeren Sinn (das systematische Nachdenken über Jesus Christus).

Dieses hat stets eine hermeneutische und eine dogmatische Komponente. Die hermeneutische Aufgabe ist zu verstehen, was in den christologischen Bekenntnissen bekannt wird. Die dogmatische Komponente ist zu denken, was dabei gesagt und verstanden wird. Bekenntnisse aber sind etwas anderes als Behauptungen. Sie haben nicht nur einen Sinn, den man verstehen kann, sondern auch einen existenziellen, die Bekennenden in das Bekannte involvierenden Charakter. Beides muss man beachten, um sie als Bekenntnisse zu verstehen. Ihr soteriologischer Sinn und ihr existenzieller Charakter sind unlöslich verknüpft. Sie sind nicht nur Sach-

IX Christologie als Soteriologie

verhaltsmitteilungen in der dritten Person, die wahr oder wahrscheinlich sein können, sondern Existenzmitteilungen (Kierkegaard) in der ersten und zweiten Person, also Ausdruck der Überzeugung, dass die Existenzweise, die sie bekennen, wahr ist, wie jeder herausfinden kann, der selbst so lebt. Beides, ihren soteriologischen Sinn und ihre existenzielle Signifikanz, muss man beachten, wenn man sie theologisch entfaltet.

2

Christologisches Nachdenken beginnt daher nicht mit dogmatischen Lehrbildungen und schon gar nicht mit den reichsgesetzlichen Entscheidungen von Nicäa und Chalcedon. Diese sind Ergebnisse, nicht Ausgangspunkte christologischer Reflexion, und sie sind, wie alle Denkergebnisse, verbesserungsbedürftig, interpretationsfähig und korrekturnötig. Sie gehen ein Stück weit, aber nie den ganzen Weg. Und sie bleiben immer im Bereich der Möglichkeiten des Denkens und erreichen nicht die Wirklichkeit des Lebens. Sie sind daher nie das letzte Wort, sondern Zwischenergebnisse eines weitergehenden Gesprächs. Sie sind aber auch nicht das erste Wort, von dem her alles angefangen hätte. Vor ihnen und der auf sie hinführenden Denk- und Streitgeschichte stehen die Christus-Bekenntnisse der ersten Christen und die Christus-Erzählungen der Evangelien, und vor diesen die Ereignisse, durch die sie hervorgerufen werden.

Im Fall des Auferweckungsbekenntnisses sind das vor allem (1) die *Erscheinungen des Gekreuzigten*, die für die Betroffenen durch das Wirken des Geistes zum Anlass für das Bekenntnis der Auferweckung des Gekreuzigten durch Gott werden; (2) die *Kreuzigung und der Tod Jesu*, die in die überraschende Einsicht münden, dass Jesu Leben nicht im Tod, sondern in Gottes Leben endet; (3) die *Gottesverkündigung Jesu*, der durch Gleichnisrede und Gleichnishandlung die Menschen in seiner Gegenwart auf die Gegenwart der erbarmenden Liebe Gottes in ihrem Leben aufmerksam machte; und (4) die *Passion Jesu*, die für die Zeitgenossen und für Jesus selbst das Scheitern seiner Mission zu belegen schien und nur für einige durch die – in ihrem Verständnis – Selbstvergegenwärtigung Gottes im Wirken des Geistes zum Kennzeichen der Gottesgegenwart nicht nur im Leben, sondern auch im Sterben und Tod wurde.

Mit diesen Ereignissen muss man einsetzen, wenn man christologisch weiterkommen will. Eine bestimmte Kette geschichtlicher Ereignisse, nämlich Jesu Leben, Lehre, Leiden und Tod, eingebettet in die Geschichte Israels und mit dieser in die Geschichte der Menschheit, ist für Christen der Ort, an dem sich der Charakter von Gottes Gegenwart als alles neu schaffende Liebe erschlossen hat und immer wieder erschließt. Diese Ereignisse tun das nicht als solche, sondern durch Gottes Geistwirken in der Auferweckung des Gekreuzigten (Wechsel vom Tod zum Leben), im Wecken des Glaubens an die Auferweckung (Wechsel von der Gottesblindheit zur Gottoffenheit) und im Aufbau der Gemeinde des auferweckten Gekreuzigten aus Menschen aller Völker (Wechsel von einem Leben des Gegeneinanders der Menschen zu einem Miteinanderleben im Einssein mit Gott). Das verleiht diesen geschichtlichen Ereignissen einen Sinn, der über das hinausgeht, was sie im Gefüge der Ereignisse der Welt jeweils zu verstehen geben. Nicht sie erschließen Gottes Gegenwart, sondern Gott erschließt durch sie den Charakter seiner Gegenwart. Gott ist *semper ubique actuosus*; der Modus seines Wirkens ist schöpferische Liebe, die Gutes aus Üblem, Leben aus dem Tod, Sein aus Nichts schafft; dass Gott diese Liebe ist, hat

## IX Christologie als Soteriologie

sich definitiv in Jesu Lehre, Leben, Leiden und Tod gezeigt; und dieser soteriologische Sinn konkretisiert sich existenziell im Leben eines jeden Menschen in der Unterscheidung zwischen Unglauben und Glauben, der Blindheit für die Gegenwart von Gottes Liebe im Leben seiner Geschöpfe oder dem ‚Amen' zu ihr und der Ausrichtung des Lebens an ihr; und das wiederum manifestiert sich in der Geschichte der Menschheit in der Unterscheidung der christlichen Gemeinde (Kirche), zu der alle Menschen gehören können, und der nichtchristlichen Welt, zu der alle Menschen gehören. Niemand gehört zur Gemeinde, der nicht aus dem nichtchristlichen Leben zu ihr gekommen wäre. Niemand kommt zu ihr von sich aus und aus eigenen Stücken. Jeder verdankt seine Zugehörigkeit vielmehr Gottes Wirken in seinem Leben. Und den Dank dafür bringen Christen zum Ausdruck, indem sie Jesus als Christus bekennen und damit der Hoffnung Ausdruck geben, dass das, was für ihn gilt, auch für sie gelten wird.

Alle geschichtlichen Ereignisse dieser Ereigniskette besitzen ihren soteriologischen Sinn nicht als solche, sondern erhalten ihn durch das Wirken Gottes in, mit und unter ihnen. Sie sind immer mehr, als sie von sich aus zu verstehen geben, und dieses Mehr verweist stets auf Gott, der durch sie seine Liebe auch der Geschöpfe erschließt, die nichts von ihm wissen oder wissen wollen. Als maßgebliche Konkretion dieser Gottesliebe ist Jesus für Christen von bleibender Bedeutung. Der christliche Glaube richtet sich nicht auf Jesus von Nazareth, sondern auf Jesus Christus, nicht auf Jesus als galiläischen Juden im Palästina der Zeitenwende, sondern auf Jesus als Christus, durch den Gott seine bedingungslose Liebe zu seinen Geschöpfen offenbart. Nicht Jesus „nach dem Fleisch" (Röm 1,3), der galiläische Jude aus dem Geschlecht Davids, steht daher im Zentrum des Christentums, wie die historische Jesusforschung seit dem 19. Jahrhundert in ihren verschiedenen Anläufen immer wieder nahegelegt hat. Im Zentrum steht vielmehr Jesus Christus „nach dem Geist" (Röm 1,4) und damit Gottes Heilswirken für seine Schöpfung, das sich in Jesu Lehre, Leben, Kreuz und Auferweckung erschließt. Es geht um das, was Gott tut und was dadurch für und mit uns geschieht. Auf je ihre Weise unterstreichen das alle Evangelien: Bei Mk wird Jesu in der Jordantaufe von Gott selbst zum geliebten Sohn deklariert. Bei Mt und Lk ist Gott schon bei der Zeugung und Geburt Jesu sowie in der davidischen Vorgeschichte seiner Familie aktiv involviert. Bei Joh schließlich werden in nicht zu überbietender Weise Gott und Gottes Wort von allem Anfang an zusammengedacht. Immer geht es um Gott, nie nur um Jesus, und immer geht es um das, was Gott in und durch Jesus für die Menschen tut.

### 3

Der frühchristliche Christushymnus in Phil 2 bringt diese soteriologische Theozentrik auf naheliegende und für die dogmatische Christologie stilbildende Weise zum Ausdruck. Das Leben Jesu ist von Anfang bis Ende eingebettet in göttliches Handeln und wird als Weg Jesu Christi von den höchsten Höhen bis zu den tiefsten Tiefen des Lebens und der Schöpfung und zurück zu Gott beschrieben. Alles beginnt und endet mit Gott. Niemals geht es nur um das, was Jesus tut und leidet, sondern stets um das Wirken Gottes, das Jesu Tun und Leiden zum Schlüssel für Gottes Heilswirken im Leben eines jeden Menschen macht, zur Neuorientierung menschlicher Existenz vom Unglauben zum Glauben führt und so einen neuen, für Gottes Wirken sensiblen Verstehenshorizont des Seins der Welt und des Erfahrens, Tuns und Leidens der Menschen eröffnet.

## IX Christologie als Soteriologie

Dieses Geschehen beschreibt der Christushymnus in Phil 2 als einen doppelten Weg Jesu Christi: den Weg hinab (vom Schöpfer zur Schöpfung) und den Weg hinauf (von der Schöpfung zum Schöpfer), den Weg aus dem Leben in der Gegenwart Gottes in das Leben der Menschen, die Gottes Gegenwart missachten, und den Weg aus dem Tod in das ewige Leben als Mitregent Gottes in der Gegenwart des Schöpfers. In Phil 2 ist weder von Inkarnation noch von Auferweckung die Rede, aber theologisch wurde im Anschluss an Johannes (Joh 1,1–14) der erste Weg bald Inkarnation genannt, und im Anschluss an Paulus (1Kor 15,12) der zweite Weg *Auferweckung*. Der Weg der *Inkarnation* besteht im Verzicht auf das göttliche Dasein und im Leben in der Daseinsgestalt der Menschen und wird in der lutherischen Orthodoxie als *status exinanitionis* (Stand der Erniedrigung) bestimmt. Der Weg der *Auferweckung* dagegen besteht in der Erhöhung aus dem Tod in die Herrscherherrlichkeit des Schöpfers und wird als *status exaltationis* (Stand der Erhöhung) bezeichnet.

Allerdings ist ein Doppeltes zu beachten. Zum einen sind die räumlichen Assoziationen der Unterscheidung von Hinunter und Hinauf irreführend: Es geht nicht um ein Oben und Unten, den Himmel über uns und die Erde unter uns, sondern um den Gegensatz eines Lebens in der Gemeinschaft mit Gott (der Wirklichkeitssphäre Gottes: μορφή θεοῦ [Phil 2,6]) und eines Lebens in der gottfernen Welt einer gottblinden Menschheit (der Wirklichkeitssphäre des Sklavendaseins der Menschen: μορφή δούλου [Phil 2,7]). Nicht der Gegensatz zwischen Oben und Unten ist die Leitdifferenz des Gedankengangs, sondern der zwischen einem *Leben mit Gott* und einem *Leben ohne Gott*, zwischen einem Leben, das weiß, dass es aus Gottes Gegenwart lebt und an Gottes Fürsorge für die Schöpfung teilnimmt, und einem Leben, das ignoriert, dass es das tut, und das für einen Gewinn an Freiheit hält und nicht bemerkt, dass es dadurch in sklavische Abhängigkeit von den Bedingungen der geschaffenen und vergehenden Welt gerät. Weder der Weg hinab noch der Weg hinauf führen in eine andere Welt als die, in der man lebt. Nur lebt man in ihr entweder blind gegenüber Gottes Gegenwart oder offen für sie, ignoriert und bestreitet also die Quelle des Lebens oder orientiert sich an ihr. Das erste führt in den Tod, das zweite ins ewige Leben. Nicht nur dass man lebt, sondern wie man lebt, ist daher entscheidend. Denn daran zeigt sich, ob man bei Gott lebt, auch wenn man stirbt, oder ohne Gott lebt und daher schon tot ist, auch wenn man meint, noch zu leben.

Zum anderen geht es nicht um ein Werden *zum* Menschen, sondern ein Werden *als* Mensch, und nicht um eine Rückkehr ins menschliche Leben, sondern eine Erhöhung ins göttliche Leben. Die Pointe des Gedankengangs in Phil 2 ist nicht der Wechsel vom Gottsein zum Menschsein (Menschwerdung Gottes), sondern von der Unmenschlichkeit zur vollkommenen Menschlichkeit (Menschlichwerden des Menschen). So führt der Weg hinab nicht nur vom göttlichen in das irdische Leben (Menschwerdung), sondern ist ein Weg der Erniedrigung im irdischen Leben, der am Schandtod am Kreuz endet, also am Ort äußerster Unmenschlichkeit. Und die Auferweckung Jesu führt nicht zurück ins menschliche Leben (Wiederbelebung), sondern ist ein Weg der Übererhöhung, der in Gottes Leben zur Rechten Gottes endet, also in der Teilhabe am ewigen Leben des Schöpfers und damit in der vollendeten Form der Menschlichkeit. Im ersten Fall geht es also um den Wechsel von einem Leben, das sich in Gottes Gegenwart vollzieht und mit Gott im Kampf für das Gute und gegen das Böse zusammenwirkt, zu einem Leben unter Ge-

## IX Christologie als Soteriologie

schöpfen, die Gottes Gegenwart verkennen und meinen, ohne Gott selbst wie Gott Gutes wirken zu können, und im zweiten Fall um den Wechsel von einem Leben in der Gottferne bis hin zur Trennung von Gott im Tod, von dem man nur noch im Modus der Vergangenheit reden kann, zu einem Leben im Modus ewiger Gegenwart in der Gegenwart Gottes und der Teilhabe an seinem Wirken.

### 4

Anders als im Johannesprolog ist in Phil 2 nicht vom Logos die Rede, sondern von Jesus Christus, der den Christen in Philippi als Vorbild vor Augen gestellt wird. In der dogmatischen Rezeption wurde dieser Text immer wieder mit dem Johannesprolog verknüpft und vermischt, ohne auf die Differenzen zwischen der paulinischen und der johanneischen Theologie zu achten.[57] Das ist nicht ganz ohne Grund. Auch wenn Johannes andere Akzente setzt und die beiden Wege verschieden beschreibt, ist die theologisch entscheidende soterio-

---

57 Vgl. Thomas Söding, Kreuzerhöhung. Die Deutung des Todes Jesu nach Johannes (https://www.kath.ruhr-uni-bochum.de/imperia/md/content/nt/nt/dasjohannesevangelium/kreuzerh_hungjoh.pdf) (14/8/2022). Wie Söding zu Recht betont, steht bei Joh die „christologische Kontinuität zwischen Präexistenz, Inkarnation, irdischer Sendung, Tod, Auferstehung, Erhöhung und Parusie" im Zentrum. „Das Wegmotiv betont nicht (wie die paulinischen Kreuzestheologie) den Bruch der Passion, die Skandalosität des Kreuzestodes und die geistgewirkte Neuschöpfung der Auferweckung, sondern die Kontinuität der Heilssendung Jesu, die aus der Menschwerdung des präexistenten Gottessohnes folgt, seiner vollkommenen Teilhabe am Gottsein Gottes selbst." In beiden Fällen hat die Erzählung aber eine soteriologische Pointe, wird also nicht wegen Jesus, sondern wegen des Heils der Menschen erzählt. Ihre Rettung ist das Thema, und diese Rettung besteht bei Paulus und bei Johannes darin, am tiefsten wie am höchsten Punkt des Lebens auf die Gegenwart von Gottes Liebe zu stoßen.

logische Pointe ähnlich. Auch im Johannesprolog wird die Inkarnation nicht nur als Weg der Menschwerdung beschrieben, als Weg des Logos vom Sein mit Gott (Joh 1,1) zum Wohnen unter den Menschen (Joh 1,14), sondern als Weg, der von der engsten Vertrautheit mit Gott zum Verkanntwerden durch die Menschen (Joh 1,10 f.) führt. Der Logos kommt in die Welt, und die Welt, die sich ihm verdankt und ohne ihn nicht wäre, versteht ihn nicht (Joh 1,10). In der Erhöhung am Kreuz (Joh 3,14; 8,28;12,32 ff.) wird dementsprechend nicht das Menschsein des Logos überwunden, sondern sein Verkanntwerden durch die Menschen, indem sich (einigen von) ihnen gerade am – menschlich geurteilt – Tiefpunkt der Geschichte seiner Menschwerdung seine Herrlichkeit erschließt. Es geht um ein soteriologisches Geschehen, in dem Gott als Logos und Geist für die Menschen agiert, sie aus der Dunkelheit ihrer Gottesblindheit befreit und ihnen den Weg in das Licht der Gottesgegenwart weist. Auch der Weg hinauf in der Auferstehung (Joh 20,9) und im Aufstieg zum Vater (Joh 20,17) ist daher nicht einfach der Rückweg des Sohnes aus der Verkennung durch die Menschen in die Vertrautheit mit dem Vater, sondern hat die soteriologische Pointe, den Menschen den Weg zur Erkenntnis und zum Leben in der Gottesgegenwart zu weisen und die Seinen zu Gott zu führen (Joh 14,1 ff.): „wo ich hingehe – den Weg dahin wisst ihr" (Joh 14,4). Es geht nicht nur um den Aufstieg des Logos-Sohnes zu seinem Vater, sondern zum Vater aller Menschen, nicht nur um den Weg zurück zu seinem Gott, sondern zum Gott auch aller anderen, nicht nur um seinen Weg in die Herrlichkeit der Gottesgegenwart, sondern auch um den aller anderen: „Ich fahre auf zu meinem Vater und eurem Vater, zu meinem Gott und eurem Gott." (Joh 20,17) Auch bei Johannes wird also nicht nur ein Geschehen zwischen dem Vater und dem Sohn erzählt, sondern zwischen Gott und den Menschen, die von ihrer Gottesblindheit geheilt und gegen allen Zweifel (Joh 20,19–29) durch Gottes Geist der Wahrheit (Joh 14,17) in die Gewissheit eines Lebens in der Gegenwart Gottes geführt werden.

### 5

Wie bei Johannes haben auch in Phil 2 beide Wege soteriologische Relevanz. Man kann sie nicht so aufteilen, dass es im ersten um Jesu Gottesbeziehung gehe, im zweiten dagegen um seine Weltbeziehung.[58] In beiden Wegen geht es nicht nur um Jesus, sondern um Jesus Christus und damit um Gott und um uns. Der erste Weg zeigt am Geschick Jesu, dass Menschen niemals ohne Gott sind, weil Gott nicht bei sich selbst bleibt, sondern selbst im Schandtod und am Ort äußerster Unmenschlichkeit gegenwärtig ist: *Wo immer der Mensch ist, da ist auch Gott.* Es gibt keinen Ort oder Zustand in der Schöpfung, an dem Gott nicht gegenwärtig wäre. Der Mensch mag sich von Gott entfernen und entfremden, Gott ist immer da.[59] Jesus ist hier der Schlüssel zum Verständnis der Situation der Menschen als Existenz in der Gegenwart Gottes. Es geht nicht nur um Jesus, sondern um Jesus Christus und damit um die Menschen, für die er Christus ist, und es geht um die Aufdeckung der Gegenwart Gottes bei jeder Gegenwart der Menschen, ob diese das beachten oder es missachten. Der zweite Weg dagegen zeigt, dass es nicht allein um Jesus Christus und die Menschen, sondern auch und zentral um Gott geht, weil der Gekreuzigte den Charakter von Gottes Gegenwart für im-

---

58 Assel, Elementare Christologi (s. Anm. 48), Erster Band, 34.
59 Von Gottferne kann man daher nur im Hinblick auf die Menschen, nicht im Hinblick auf das Verhalten Gottes zu den Menschen sprechen.

mer prägt, indem er in ihre Wirksphäre eingeht und an der Ausübung von Gottes Herrschaft über die Schöpfung partizipiert: *Wo immer Gott ist, da ist auch Jesus Christus* – das heißt: Gott ist so, wie Jesus ihn durch Wort und Tat präsentiert hat, und ein wahres menschliches Leben besteht darin, der geschöpfliche Sachwalter, Erinnerungsort und Repräsentant der Gutes wirkenden Liebe Gottes in der Schöpfung zu sein. Jesus Christus ist hier der Offenbarer des Charakters der Gegenwart Gottes als Liebe. Es geht nicht nur um Jesus, sondern um Jesus Christus und damit um die Menschen und um Gott.

Wie die Auferweckung des Gekreuzigten deutlich macht, dass Gott auch im Tod als liebender Vater gegenwärtig ist, so gibt der gekreuzigte Jesus Gott ein Gesicht, das Gott den Menschen als erbarmende Liebe zugänglich macht und die Menschlichkeit des Menschen als Teilhabe am Liebeswirken des Schöpfers erschließt. Gott ist keine dunkle Macht, sondern die Macht der erbarmenden Liebe, die sich in der Hingabe Jesu für seine Mitmenschen manifestiert hat und die Gott mit der Auferweckung des Gekreuzigten in sein Leben bestätigt und bekräftigt. Gott erweist sich an seinem Verkünder so, wie dieser ihn verkündet hat: als schöpferische, erbarmende, bedingungslose Liebe. Nur so kennen Christen Gott, so hoffen sie auf ihn, so bekennen sie ihn, so sprechen sie von ihm und so denken sie ihn. Narrative Symbole wie die Himmelfahrt Jesu, das Sitzen zur Rechten Gottes oder das Wiederkommen zum Gericht bringen das sprechend zum Ausdruck. Sie alle machen weniger eine Aussage über Jesus als vielmehr über Gott: Gottes Gegenwart ist bleibend durch die Gegenwart Jesu Christi geprägt, Gottes Herrschaft unwiderruflich so, wie Jesus Christus sie ausübt, Gottes Liebe eins mit der Nächstenliebe, die Jesus gelebt hat und auch die Christen

IX CHRISTOLOGIE ALS SOTERIOLOGIE

leben sollten. Jesu bedingungslose Mitmenschlichkeit konkretisiert Gottes Gegenwart und Herrschaft als bedingungslose Liebe zu allen, denen Gott als seinen Nächsten gegenwärtig ist. Gott ist die Liebe, und in und durch Jesus Christus hat sie sich als bedingungslose Nächstenliebe erschlossen.

Zwei Dinge stellt der Christushymnus in Phil 2 also klar: Dass Gott immer und überall da ist, selbst im unmenschlichen Schandtod des Gekreuzigten, und wie Gott da ist, als schöpferische, erbarmende, bedingungslose, neu- und menschlich machende Liebe. Gott ist jeder Gegenwart gegenwärtig, selbst wo das Gegenwärtige im Nichts des Todes zu versinken scheint, und er ist so gegenwärtig, wie Jesus ihn verkündet hat: als Leben wirkende Liebe, die nicht dort endet, wo unser Leben endet, sondern über alles Geschaffene hinausreicht. Deshalb wird Jesus als Christus bekannt und deshalb gehören er und Gott – als Gottes Offenbarungswort (Logos) und Gott, als ‚Sohn' und ‚Vater', wie es der Johannesprolog entfaltet – untrennbar zusammen: Gottes Präsenz ist universal, und der Modus von Gottes Präsenz ist schon immer und für immer so, wie Jesus Christus es aufgedeckt und gelebt hat.

## 6

Die Formel Wo Gott, da Jesus Christus ist die Kurzfassung dieser Einsicht. Sie bringt auf den Punkt, dass Gott von sich aus so ist, wie Jesus ihn bezeugt: erbarmende Vaterliebe, die niemand vergisst, dem sie sich zuwendet, und die keinen dem Nichts überlässt, den sie liebt. Die Formel Wo Gott, da Jesus Christus lenkt den Blick also nicht auf Jesus, sondern auf Gott. Gerade so markiert sie einen wichtigen Schritt auf dem Weg zum späteren Trinitätsdogma. Gott und Jesus Christus sind eins (at one), aber sie sind nicht gleich (the same) oder auch nur ähnlich (similar). Ihr Einssein ist kein Gleichsein oder

Ähnlichsein, sondern ein Einswerden Gottes mit dem gekreuzigten Jesus. Das heißt: Der Ort, an dem der Gekreuzigte ist, ist zugleich der Ort, an dem Gott ist und sich als Liebe offenbart, und das verleiht diesem Ort mehr als nur einen Sinn. Denn wo Gott ist, da wirkt er als Schöpfer, schafft Neues, Gutes, Leben, Gemeinschaft. Das Einswerden Gottes mit dem Gekreuzigten vollzieht sich daher als dessen Auferweckung in Gottes Leben, als Wechsel und Neubestimmung seines Existenzortes vom Hier und Jetzt bzw. Damals und Dann des Kreuzestodes im zeitlichen Leben der Menschen zum Immer und Ewig der Auferweckung des Gekreuzigten im Leben Gottes. Der Gekreuzigte ist jetzt am Ort Gottes und damit in Gottes Leben, nicht umgekehrt. Deshalb hat man allen Grund, das Kreuz nicht nur als Ort der gewaltsamen Beendigung des Lebens Jesu zu verstehen, sondern als den Ort der endgültigen Offenbarung der universalen Liebe Gottes. So wie es sich dort gezeigt hat, ist Gott. Und so ist Gott überall und jederzeit in jedem Leben gegenwärtig und am Werk.

Die bleibende Wahrheit des Lebens Jesu kommt damit nicht schon im menschlichen Urteil über den Gekreuzigten, sondern erst im göttlichen Urteil über den auferweckten Gekreuzigten zur Geltung. Mit diesem schöpferischen Urteil erweist sich Gott in Kreuz und Auferweckung Jesu Christi als der, der Menschen in ein rechtes Verhältnis zu sich setzt und sie zu Präsenzorten seiner Liebe in der Schöpfung macht. Eberhard Jüngel hat es als „Identifizieren" Gottes mit dem gekreuzigten Jesus beschrieben. Die Pointe dieses Identifizierens ist nicht, dass Gott sich mit Jesus gleichsetzt, also erklärt, er sei der Gekreuzigte, sondern dass er den Gekreuzigten in sein Leben einbezieht, also klarstellt, dass dieser nicht im Tod bleibt und zum Tod gehört, sondern zu ihm gehört und in seinen Leben seinen Ort hat. Nicht Gott begibt sich ans Kreuz,

## IX Christologie als Soteriologie

sondern der Gekreuzigte wird in Gottes Leben einbezogen. Nicht Gottes Status verändert sich, sondern der des Gekreuzigten. Gott setzt sich nicht mit dem Gekreuzigten gleich, sondern er wird eins mit ihm, indem er den Gekreuzigten nicht im Tod lässt, sondern in die Sphäre seines ewigen Lebens versetzt. Die Bewegungsrichtung dieses Einswerdens ist keine ‚Erniedrigung' Gottes, sondern eine ‚Erhöhung' des Gekreuzigten, nicht Gott selbst stirbt am Kreuz (O große Not, Gott selbst ist tot), sondern der Gekreuzigte wird durch Gott aus dem Tod in Gottes Leben hineingenommen (Auferweckung). Gott ist nicht tot, sondern stärker als der Tod. Das zeigt die Auferweckung des Gekreuzigten, und deshalb ist das Kreuz für Christen ein Heilszeichen. Es steht nicht für Gottes Tod, sondern für Gottes Überwindung des Todes. Nichts ist so fern von Gott, dass Gott dort nicht schöpferisch wirken könnte. Er schafft Gutes aus Üblem, Leben aus dem Tod, Sein aus Nichtsein. Nicht Gott ist am Kreuz am Ende, sondern der Tod.

Die Differenz zwischen Gott und Jesus wird in Gottes Einswerden mit dem Gekreuzigten also an keinem Punkt aufgehoben: Gott wirkt, am Gekreuzigten wird gewirkt, Gott ist aktiv, der Gekreuzigte gänzlich passiv. Er ist tot, Gott lebt. Aber Gott lebt so, dass er nicht ohne den Gekreuzigten sein will, sondern diesen in sein göttliches Leben einbezieht. Nicht der Tod Jesu hat deshalb das letzte Wort, sondern selbst dort bleibt Gott sich selbst treu, indem er Gutes aus Üblem, Leben aus Tod schafft. Er wird eins mit dem Gekreuzigten, aber nicht gleich, und indem er eins wird mit ihm, erweist Gott das Wesen seines Wirkens als schöpferische Liebe, die nicht einmal am Tod an ihre Grenzen kommt.

Das ist die Geburtsstunde des christlichen Glaubens. Im Licht der Auferweckung bekennen Christen das Kreuz Jesu nicht als das Ende des Verkünders der anbrechenden Gottesherrschaft, sondern als Ort der Offenbarung des Wesens Gottes als Liebe zu denen, die seine Gegenwart leugnen und ihr gegenüber blind sind. Deshalb wird Jesus von den Christen als Christus bekannt, und deshalb werden sie Christen genannt. Als Christus ist Jesus der, durch den Gott seine Liebe zu seinen Geschöpfen selbst am Ort des Todes zum Ausdruck bringt. Aber Jesus war nicht immer schon Christus, sondern konnte es erst durch Tod und Auferweckung werden. Er wurde es, weil Gott sich im Tod eins mit ihm machte, ihn also aus dem Tod in sein göttliches Leben hineinannahm. Seither kann von ihm als Jesus Christus geredet werden: Jesus Christus ist der, mit dem Gott sich eins gemacht hat, um seine grenzenlose Liebe zu seiner Schöpfung zu manifestieren. Nicht der Tod, sondern diese Liebe hat das letzte Wort. Am Ort Jesu Christi hat Gott sich so einen Ort geschaffen, an dem er sich als der offenbart, dessen Liebe auch denen gilt, die nichts von ihm wissen, wissen wollen oder wissen können – weil sie blind sind, verstockt sind oder tot sind. *Wie* Gott und Jesus Christus eins sind, also den Modus ihres Einsseins, bringt der Geist zum Ausdruck, der dieses Einssein dynamisch als Einswerden, als Akt der überschießenden Liebe Gottes vollzieht, durch die sich Gottes ewiges Leben auf andere hin öffnet, die in dieses Einswerden (*at-one-ment*) einbezogen werden. Gott ist mit Jesus Christus eins im Wirken seiner Liebe, und weil dieses Einssein sich immer nur einstellt, wo es andere mit einbezieht, gibt es dieses Einssein nur als Einswerden Gottes mit seinen Geschöpfen im Vollzug der Liebe als Nächstenliebe, Selbstliebe und Gottesliebe.

**7**

Die Formel *Wo Gott, da Jesus Christus* ist daher zentral für das christliche Gottesverständnis. Das gilt auch für ihre Um-

## IX Christologie als Soteriologie

kehrung *Wo Jesus Christus, da Gott*, da Jesus nicht ‚Christus' genannt werden kann, ohne davon zu sprechen, dass und wie Gott durch ihn Heil für die Menschen und seine Schöpfung wirkt. Gott und Christus gehören immer zusammen, und Christus und die Menschen auch. Das ist keine das Wissen erweiternde Entdeckung, sondern folgt aus der Semantik des Christustitels. Aber gilt das auch für Gott und Jesus? Kann man aus *Wo Gott, da Jesus Christus* nicht nur folgern *Wo Jesus Christus, da Gott*, sondern auch *Wo Jesus, da Gott* – und zwar nicht nur im generellen schöpfungstheologischen Sinn, dass es niemand gibt, der sein Dasein nicht Gott verdankt?

Wenn das bejaht wird, wäre Jesus immer schon Christus, ob er so bekannt wird oder nicht, weil Gott durch ihn erschließt, wie er sich zu uns verhält, ob das bemerkt wird oder nicht. Von Jesus, von Christus oder von Jesus Christus zu reden, wären dann nur sprachlich verschiedene Weisen, von dem zu sprechen, durch den Gott sein Verhalten zu uns gottblinden Menschen offenbart. Von Gottes Offenbarung zu reden, würde dann nicht einschließen, dass diese auch irgendjemand über die Gegenwart von Gotts Liebe aufklärt. Das ist ein zumindest grenzwertiges Offenbarungsverständnis – jede Offenbarung ist nicht nur eine Offenbarung *von etwas*, sondern auch *für jemanden* – und schwer damit zu vereinbaren, dass Gott wirkt, was er will, und will, was er wirkt, also das Gute, das er will, immer auch verwirklicht. Offenbarung ist in der christlichen Theologie ein Erfolgswort, wo sie sich ereignet, hat Gott sich nicht nur tatsächlich erschlossen, sondern tatsächlich *jemandem* erschlossen.[60] Dass Gott sich of-

---

[60] Dass das Erschließen in einem präzisen Verbergen des Verbergens bestehen kann, ist damit nicht ausgeschlossen. Vgl. Ingolf U. Dalferth, Deus Praesens. Gottes Gegenwart und christlicher Glaube (Tübingen 2021), 288–330.

fenbart und es niemand bemerkt, ist ein Ungedanke. Oder genügt es, Jesus als den zu denken, durch den Gott sich nicht nur offenbart, sondern an den diese Offenbarung gerichtet ist und der das auch anerkennt, der also das Ereignis, der Adressat und der Empfänger von Gottes Offenbarung ist? Dann wäre Gottes Selbstoffenbarung mindestens bei Jesus ans Ziel gekommen, auch wenn niemand sonst sie registrieren würde. Das war die Gedankenlinie, die Karl Barth auszuarbeiten suchte. In Jesus Christus ist Gottes Selbstoffenbarung realisiert, unabhängig davon, ob sie auch anderswo realisiert wird. Und anderswo kann sie nur so realisiert werden, dass ihre Realisierung in Jesus Christus im Glauben wiederholt wird.[61]

---

61 Wiederholt und nicht nur angeeignet. Es geht um eine Wiederholung, die nicht als Aneignung, sondern als Zueignung gedacht werden muss. Aneignung im Glauben ist immer zurückgebunden an die Realisierung von Gottes Selbstoffenbarung in Jesus Christus. Subjekt der Aneignung scheint dabei aber der Glaubende zu sein, doch der Glaube kann kein Resultat dieser Aneignung sein, denn sonst wäre der Glaube Produkt des Glaubenden. Die Aneignung findet ja *im Glauben* statt, und resultiert nicht im Glauben. Der Akzent wird anders gesetzt, wenn man nicht von Aneignung, sondern von Zueignung oder, mit Kierkegaard, von *Wiederholung* spricht. Dann wiederholt sich hier und jetzt durch Gott, was damals und dann durch Gott geschehen ist. Zur Selbstoffenbarung Gottes gehört stets ihre Realisierung im Glauben und sie ist niemals nur Aneignung einer Vermittlung von Gottes Selbstoffenbarung in Jesus Christus durch eine menschliche Mitteilung. Glaube ist immer im Modus der Zueignung und Wiederholung als Korrelat von Gottes Selbstoffenbarung hier und jetzt zu verstehen, erst so kann es auch eine Aneignung von Vergangenem im Glauben geben. Angeeignet wird dabei, dass Gottes Selbstoffenbarung keine bloße Möglichkeit, sondern eine Wirklichkeit ist, in der Gott sich selbst als der erschließt, der im Leben seiner Geschöpfe als Liebe am Werk ist. Dafür steht Jesus Christus. Das macht ihn zum Identitäts- und Realitätskriterium des Glaubens. Deshalb gibt es keine Wiederholung der Selbstoffenbarung Gottes im Leben eines Menschen, die nicht mit der Wirklichkeit der Selbstoffenbarung Gottes in Jesus Christus übereinstimmt.

## IX Christologie als Soteriologie

Die Folge ist allerdings, dass Gottes Verhältnis zu Jesus nicht nur ein Fall von Gottes Verhältnis zu den Menschen ist, sondern ein Sonderverhältnis, so dass das, was von Gott und Jesus gilt, nicht ohne weiteres auch von Gott und den Menschen gilt. Ist Gottes Verhältnis zu Jesus also ein anderes als Gottes Verhältnis zu uns? Nennt man ihn ‚Christus‘ aufgrund dessen, was Gott für ihn tut, und nicht aufgrund dessen, was Gott durch ihn für uns tut? Ist Gottes Verhalten ihm gegenüber anders als uns gegenüber? Dann würden die christologischen und soteriologischen Fragestellungen auseinandertreten und verschieden beantwortet werden müssen.

Das sind die entscheidenden Fragen für die Ausbildung des christologischen Dogmas. Dieses ist das Resultat einer theologischen Identitätslogik, die davon ausgeht, dass Gott als voll bestimmte ursprüngliche Wirklichkeit immer schon ist, was er wird und werden kann, und deshalb aus dem Einswerden Gottes mit den gekreuzigten Jesus folgert, dass Gott immer schon mit Jesus eins war, so dass dieser niemals als der verstanden werden kann, der er ist, ohne auch Gottes Gegenwart bei ihm zu beachten und ihn als Christus zu verstehen. Gott wird mit Jesus eins nicht erst in Kreuz und Tod, wie die Auferweckung zeigt, sondern schon im Leben und Lehren, im Geboren- und Getauftwerden, in der Präexistenz. Jesus war immer schon Christus, und Gott hat sich immer schon durch ihn offenbart.

Hermeneutisch wird das, was sich in der Auferweckung des Gekreuzigten erschließt (Gottes Einswerden mit Jesus), damit in die gesamte Vorgeschichte Jesu zurückgelesen: schon in seinem Leiden und Lehren, seiner Taufe und seiner Geburt, ja vor seiner Geburt war Jesus eins mit Gott. Von der Auferweckung her erweist sich Jesu Leben von Anfang an als mehr, als es von sich aus zu verstehen gibt: Es ist an jedem Punkt die Vollzugsform des Einsseins Gottes mit dem, den er als Gekreuzigten in sein Leben auferweckt und als Christus eingesetzt hat. Erschlossen wird das nicht aus einer Analyse dessen, was wir von Jesu Leiden, Lehre, Taufe, Zeugung und Geburt wissen oder wissen können, sondern es wird aus der Überzeugung von der prinzipiellen Unveränderlichkeit Gottes gefolgert: *Was irgendwann wahrhaft von Gott gilt, muss immer von Gott gegolten haben oder es kann nicht wahrhaft von Gott gelten.* Wenn das Einswerden Gottes mit Jesus zum Wesen Gottes gehört und seinen Charakter als überschießende Liebe bestimmt, dann kann es keine Zeit geben, an der das nicht wahr gewesen wäre, dann kann es Gott nicht geben, ohne dass er Jesus gegenwärtig wäre und ihn zum Christus deklariert, und dann kann es Jesus nicht geben, ohne dass Gott ihm gegenwärtig wäre und er Christus ist. Deshalb muss man das Einswerden Gottes mit Jesus von der Auferweckung des Gekreuzigten auf die Inkarnation und die Präexistenz des Logos, auf die Menschwerdung und das ewige Mit-Gott-Sein des Logos hin ausziehen.

Damit aber wächst die Gefahr, die soteriologische Pointe der Formel *Wo Gott, da Jesus Christus* aus dem Blick zu verlieren. Diese betont ja nicht nur Gottes Gegenwart bei Jesus, sondern Gottes Gegenwart bei Jesus *um unseretwillen* (der gottblinden Menschen willen) und damit den *Modus* von Gottes Gegenwart *als Liebe* (der schöpferischen Kraft alles Neuen). Es geht nicht um eine Sonderbeziehung zu Jesus, sondern um Gottes Heilsbeziehung zu uns. Es geht aber auch nicht nur um die Schöpferbeziehung Gottes zu uns und allen anderen Geschöpfen, also darum, dass alle, die auch nicht sein könnten, nur durch Gottes schöpferische Gegenwart da sind. Sondern es geht um die Präsenz dessen, der für uns und alle Schöpfer, Retter und Vollender ist, dem wir also nicht nur unser Dasein, sondern auch unser Wahrsein, Gutsein und Rechtsein verdanken. Dass wir das tun, dass wir Gottes Geschöpfe sind, die ohne die Zuwendung des Schöpfers in ihrer Gottesblindheit verfangen bleiben und verloren sind, eben das erschließt sich in und durch das Jesus-Geschehen, wenn Gottes Geist Menschen die Augen und Herzen dafür öffnet, so dass sie Jesus als Christus bekennen können.

Wie daher *Wo Gott, da Jesus Christus* eine Konkretion der soteriologischen Beziehung Gottes zu uns Menschen und nicht nur seiner Schöpferbeziehung zu allen Geschöpfen oder einer besonderen Beziehung Gottes zu Jesus ist, so ist *Wo Jesus, da Gott* nur dann theologisch eine zulässige Umkehrung, wenn es dabei nicht nur um die Schöpfungsbeziehung oder eine christologische Sonderbeziehung Gottes zu Jesus geht, sondern um eine Präzisierung der soteriologischen Beziehung Gottes durch Jesus und seinen Geist zu uns, also um *Wo Jesus Christus, da Gott*. Nie geht es nur um *Jesus*, sondern immer um *Jesus als Christus*. Christus aber ist Jesus, insofern er dafür steht, dass sich das Heil der ganzen Welt, nicht nur Israels, sondern aller Menschen aller Völker, allein Gottes Kommen und Gegenwart verdankt, und eben das hat sich zentral in der Auferweckung des Gekreuzigten erschlossen. Der richtige Ausgangspunkt *Wo Gott, da Jesus Christus* führt daher in die Irre, wenn er als die Umkehrung *Wo Jesus, da Gott*, und nicht als *Wo Jesus Christus, da Gott* entwickelt wird. Der Blick verengt sich dann christologisch auf Jesus, während er sich doch soteriologisch auf uns und alle Geschöpfe weiten sollte.

**8**

Das entscheidende Problem der Christologie ist daher nicht die Abwendung der Moderne vom Paradigma der Inkarnation und der Präexistenz und ihre Ersetzung durch die Paradigmen des moralischen Vorbilds, religiösen Revolutionärs oder begnadeten Religionsgründers, sondern die frühchristliche Abwendung vom Paradigma der Auferweckung und deren theologische Konstruktion als Vollendung der Inkarnation, der Menschwerdung Gottes. Die Auferweckung ist nicht die eschatologische Vollendung einer Bewegung, die von der Präexistenz des Logos und seiner Inkarnation in Jesus zu dessen Auferstehung und Auffahrt in den Himmel führt. Diese sind vielmehr umgekehrt zurückprojizierte theologische Explikationen dessen, was sich in der Auferweckung des Gekreuzigten erschließt. Theologisch sind sie das zweite, nicht das erste, und es führt in die Irre, sie zum ersten zu machen und die Auferweckung zum zweiten. Das Christentum begann an Ostern, nicht an Weihnachten, und ohne Ostern hätte es Weihnachten nie gegeben.

Wird dagegen umgekehrt argumentiert, dann wird die Auferweckung als Auferstehung, als Aktion Jesu, gedacht und nicht strikt und ausschließlich als Aktion Gottes verstanden. Doch daran hängt ihr Heilscharakter. Erlösung ist ganz und ausschließlich Aktion Gottes und in keiner Weise Selbsterlösung, Eigenaktivität oder Mitwirkung. Nicht wir erlösen uns, sondern Gott erlöst uns. Denn – und dafür steht die Auferweckung des Gekreuzigten – sie ist ein Wechsel vom Tod zum Leben, und dieser Wechsel kann von keinem Toten, sondern allein von Gott vollzogen werden, der „die Toten lebendig macht und ruft das, was nicht ist, dass es sei" (Röm 4,17). Was für die Geburt gilt, gilt auch hier: Wir gebären uns nicht selbst, sondern wir werden geboren. Wir kommen nicht von uns aus ins Sein, sondern wir finden uns dort vor. Ehe wir wirken können, müssen wir da sein, aber unser Dasein ist kein Resultat unseres eigenen Wirkens. Niemand kommt aus eigener Kraft aus dem Nichts ins Sein, niemand kommt aus

## IX Christologie als Soteriologie

dem Tod durch eigenes (Mit-)Wirken ins Leben, und niemand kommt von sich aus dem vergänglichen Leben des Geschöpfs in das unvergängliche Leben des Schöpfers.

Wird aber, um die Priorität göttlichen Wirkens zu wahren, Jesus selbst als *vere deus*, also als Gott (Gottes Sohn) gedacht, wie es in johanneischer Tradition in der neuchalcedonensischen Christologie geschehen ist, dann kann zwar seine Auferstehung als Aktion Gottes (des Sohnes) verstanden werden, aber ihr Heilscharakter wird dann auf umgekehrte Weise untergraben, weil sie nur noch göttliche Selbsterlösung und nicht mehr unsere menschliche Erlösung ist. Kreuz und Auferstehung sind dann Ereignisse im Leben Gottes, aber sie müssen zu Ereignissen in unserem Leben immer erst werden, um nicht nur am Ort Jesu, sondern an unserem Ort den Schritt vom Tod ins Leben Gottes zu vollziehen. Wenn Erlösung darin besteht, dass Gott uns erlöst und nicht wir selbst, dann ist es weder hinreichend zu sagen, dass Gott der Sohn sich selbst erweckt, indem er von den Toten aufersteht, weil er nie so tot war, wie wir es sein werden, noch dass der auferweckte Jesus uns erlöst, weil nur Gott uns erlösen kann. Nur als Aktion Gottes ist die Auferweckung ein Heilsereignis für uns, und sie ist es nur, wenn sie nicht Auferstehung (und damit Selbsthandlung Jesu) ist, sondern Auferweckung durch Gott (und damit Gotteshandlung für uns). Der Versuch, Jesu Auferweckung als Auferstehung zu denken, führt also entweder dazu, das *solo deo* in Frage zu stellen, oder das *pro nobis* ungeklärt zu lassen. In beiden Fällen verdunkelt es den Heilscharakter von Kreuz und Auferweckung.

Die beiden Grundpfeiler christlicher Soteriologie sind daher das radikale *solo deo* und das universale *pro nobis*. Und weil es keine sachgemäße Christologie gibt, die nicht durch und durch soteriologisch wäre, gilt das für jede Christologie.

# X Inkarnationschristologie

**1**

Dass soteriologisch alles am *solo deo* hängt, war auch im Paradigma der Inkarnation unbestritten. Allerdings geht es in Phil 2 nicht um die Menschwerdung Gottes, sondern um das rechte mitmenschliche Verhalten in der Gemeinde: „Seid so unter euch gesinnt, wie es der Gemeinschaft in Christus Jesus entspricht" (Phil 2,5). Nicht Gottes Verhalten wird als das nachzuahmende Bespiel angeführt (wie sollten Geschöpfe auch den Schöpfer nachahmen können?), sondern das mitmenschliche und selbstlose Verhalten Jesu Christi, der sich nicht über andere stellte, sondern andere höher achtete als sich selbst (Phil 2,3 f. und 8). Auf Jesus Christus wird in diesem paränetischen Text verwiesen, weil er als Mensch so lebte (Phil 2,7 f.), dass sich in seinem Leben und Sterben erschloss, dass und wie Gott in ihm gegenwärtig und am Werk war (Phil 2, 9–11).

Der Weg der Erniedrigung wird dementsprechend als Aktion Christi, als seine Selbsterniedrigung (Phil 2,8), beschrieben. Obwohl Jesus Christus in der Wirklichkeitsgestalt Gottes war und in unverstellter Gemeinschaft mit Gott lebte, hielt er es nicht für sein Sonderprivileg und Eigenrecht, Gott gleich zu sein,[62] also in der Wirklichkeitssphäre Gottes zu leben, sondern begab sich von sich aus zu den Menschen, die

---

62 Vgl. Joseph H. Hellerman, Reconstructing Honor in Roman Philippi. Carmen Christi as Cursus Pudorum, MSSNTS 132 (Cambridge 2005); Mi-

## X INKARNATIONSCHRISTOLOGIE

sich nicht um Gott kümmern, um ihnen den Weg in die Lebensgemeinschaft mit Gott zu weisen. Er wollte das Privileg dieser Gemeinschaft nicht nur für sich haben, sondern es auch ihnen eröffnen. Der Weg der Erhöhung dagegen wird nicht ihm als Akteur zugeschrieben, sondern ausdrücklich als eine auf seine Selbsterniedrigung reagierende Aktion Gottes dargestellt („darum": Phil 2,9). Gott sorgt dafür, dass Christus den Tod, der aus der Missachtung von Gottes Gegenwart resultiert, als erster von allen triumphal hinter sich lässt. Aber hat er sich dieser Konsequenz menschlicher Gottesblindheit überhaupt richtig ausgesetzt, war also tatsächlich einer wie wir? Vermutlich suchte schon Paulus dieses Missverständnis auszuschließen, indem er dem Weg der Entäußerung das bis „zum Tod am Kreuz" (Phil 2,8) hinzufügte, wie seit Ernst Lohmeyer[63] immer wieder gemeint wird, wenn man nicht den ganzen Vers (wie Georg Strecker[64]) oder den ganzen Text (wie Joseph Hellerman) für paulinisch hält. Erst dann versteht sich auch von selbst, dass Gott (ὁ Θεός) und nicht Jesus Christus als Subjekt der Auferweckung und Erhöhung genannt wird (Phil 2,9): Ein Toter steht nicht von selbst wieder auf, und ein Mensch erhöht sich nicht selbst in die Sphäre Gottes und die Mitherrschaft mit dem Schöpfer.

---

chael J. Gorman, Inhabiting the Cruciform God. Kenosis, Justification, and Theosis in Paul's Narrative Soteriology (Grand Rapids 2009), bes. 9–39.

63 Ernst Lohmeyer, Kyrios Jesus. Eine Untersuchung zu Phil 2,5–11 (Heidelberg 1928), 44.

64 Georg Strecker und Udo Schnelle, Einführung in die neutestamentliche Exegese, UTB 1253 (Göttingen ³1989), 127 mit Hinweis auf Georg Strecker, Redaktion und Tradition im Christushymnus Phil 2,6–11, in Eschaton und Historie (Göttingen 1979), 142–157; hier 150. Vgl. auch Assel, Elementare Christologie, 426.

## X Inkarnationschristologie

Es geht in diesem paränetischen Text also weniger um die Menschwerdung Gottes, als vielmehr um das *Menschlichwerden* des Menschen, dessen Pointe in Christi Demut und Verzicht auf das alleinige, andere nicht einbeziehende Teilhaben am Göttlichen gesehen wird. Erst ein solcher mitmenschlicher Mensch kann in Gottes Herrschaft über die Schöpfung einbezogen werden und als Sachwalter Gottes in der Schöpfung zusammen mit anderen Geschöpfen ungetrennt und ungeschieden vom Schöpfer in dessen ewiger Gegenwart leben. Sachwalter Gottes aber ist man nicht für sich selbst, sondern für andere, für die man zum Offenbarungsort der Gegenwart Gottes wird. Und zum Sachwalter Gottes und Offenbarungsort seiner Gegenwart für andere macht sich niemand selbst und von sich aus, sondern man wird dazu allein von Gott gemacht und ernannt, der sich den Ort der Selbstoffenbarung seiner Gegenwart in der Schöpfung selbst wählt.

Niemand wird dazu gewählt, der das nur für sich selbst sein will oder sich selbst in diese Position bringen will, also die Differenz zwischen Schöpfer und Geschöpf verwischt. Jedes eigene Wie-Gott-Sein-Wollen muss ausgeschlossen bleiben. Paulus macht das im Christushymnus von Phil 2 dadurch klar, dass Gott Jesus Christus erst dort zu seinem Sachwalter und Repräsentanten macht, wo jede Eigenaktivität auf dessen Seite ausgeschlossen ist: im Tod. Erst der Gekreuzigte lässt sich so bezeichnen, und nur als Gekreuzigter, Gestorbener und Begrabener kann Jesus als Gottes Sachwalter, Repräsentant und Ort der Selbstoffenbarung von Gottes Liebe bekannt werden.[65] Jesus konnte sich selbst nicht dazu

---

[65] Das liegt auch der sog. Messiasgeheimnis-Theologie des Markusevangeliums zugrunde.

machen und auch seine Anhänger konnten ihn dazu nicht erklären, sondern nur Gott selbst konnte ihn dazu erwählen und bestimmen.

Dass er das tut, wird in der Auferweckung des Gekreuzigten deutlich. Gott selbst wählt sich den Ort der Selbstoffenbarung der Gegenwart seiner Liebe, indem er den Gekreuzigten in sein ewiges Leben erweckt. Aber gerade indem im Hinblick auf die Überwindung des Todes als der endgültigen Scheidung von der Quelle des Lebens nachdrücklich das *solo deo* betont wird, werden die Weichen für ein Auseinandertreten von Christologie und Soteriologie gestellt, insofern das *pro nobis* soteriologisch an die zweite Stelle tritt. Das Entscheidende ist das, was sich zwischen *Gott und Jesus* abspielt, was sich zwischen *Gott und uns* ereignet, wird dem zu- und nachgeordnet. Zwar wird ausdrücklich gesagt, dass all das geschieht, „damit in dem Namen Jesu sich jedes Knie beugen soll, das der Himmlischen und das der Irdischen und das der Unterirdischen und jede Zunge bekennen soll: ‚Jesus Christus ist Herr', zur Ehre Gottes des Vaters" (Phil 2,10 f.). Es wird also ausdrücklich die universale kosmologische Weite von Welt, Überwelt und Unterwelt in den Blick genommen als Zielhorizont dessen, was Jesus Christus auf dem Doppelweg in die Gottferne der Menschen und der Erhöhung in die ewige Gegenwart von Gottes Leben zugeschrieben wird. Aber das ganze Geschehen konzentriert sich auf Jesus, der selbstlos auf sein Privileg der Gottesgemeinschaft verzichtet und dafür ausgezeichnet wird, bzw. – bei Johannes – auf den menschgewordenen Gottes-Logos, nicht auf uns. Er hat den Tod überwunden, für uns besteht er nach wie vor. Er herrscht mit Gott, wir können nur hoffen, unter seiner Herrschaft auch einmal ewig mit Gott zu leben.

## 2

Es war nur eine Frage der Zeit, bis weitreichende Fragen an dieses theologische Denkmodell und seine dogmatische Ausarbeitung in der Tradition von Chalcedon gestellt wurden, die zu den Umbrüchen der Moderne führten. Die theologischen Debatten, die auf Chalcedon hinführten und nach Chalcedon weitergingen, haben sich ganz auf das Durchdenken des Verhältnisses von *Gott und Jesus* konzentriert, während das Verhältnis zwischen *Gott und uns* nur in den dort erarbeiteten Kategorien als Verhältnis zwischen *Jesus Christus und uns* bedacht wurde. So betont das trinitarische Dogma, dass Jesus nicht einfach Gott, sondern der *Sohn* bzw. das *Wort* oder der *Logos* Gottes, also *Christus* ist, der den Menschen Gottes Liebe und Gegenwart erschließt, und das christologische Dogma unterstreicht, dass er nicht nur *vere deus*, sondern auch *vere homo*, also Jesus Christus ist, der das auf eine für uns Menschen nachvollziehbare Weise tut. Seine Differenz zu Gott wird also durch das *vere homo*, seine Differenz zu uns durch das *vere deus* zum Ausdruck gebracht.

Beide Bestimmungen werden nach den Kappadoziern Jesus aber nicht als Mensch, sondern als Logos, als zweiter Person der Gottheit, zugesprochen. Nur so ist gewährleistet, dass wer ihn hört, nicht nur einen Menschen, sondern Gott hört. Das aber ist soteriologisch der entscheidende Punkt. Durch die beiden altkirchlichen Dogmen wird Jesus so von Gott und den Menschen unterschieden und auf sie bezogen, dass er soteriologisch als der maßgebliche Ort ausgezeichnet ist, an dem die Menschen durch Gott selbst (den Logos) das für sie Maßgebliche von Gott erfahren. Das für sie Maßgebliche aber ist nicht, dass Gott in Jesus Christus die Bedingung für ihre Erlösung geschaffen hat, auf die sie sich einlassen können oder auch nicht, sondern dass Gott an ihrem Ort und in ihrem

## X INKARNATIONSCHRISTOLOGIE

Leben so präsent und am Werk ist, wie es in Jesu Leben und an seinem Ort deutlich wurde.

Diese theologisch entscheidende Einsicht wird verdunkelt, wenn man das, was man von dort her über sich, die Welt und Gott erfährt, diesem Ort zuschreibt, die Einsicht, die man an seinem je eigenen Ort gewinnt, also auf den Ort und die Person Jesu zurückprojiziert. Man bringt Gottes Gegenwart nicht dadurch als Heil der Welt zur Sprache, dass man alles in Jesus Christus hineinliest, was sich von ihm her über Gottes Gegenwart in der Welt erschließt. Das Heil der Menschen besteht nicht in der Menschwerdung Gottes, zu der sie sich verhalten oder nicht verhalten können, wie sie wollen, sondern im Menschlichwerden durch Gott, das zu einem Leben führt, in dem Schöpfer und Geschöpf in einer Gemeinschaft der Verschiedenen verbunden sind. Die zu überwindende Kluft zwischen Gott und Mensch besteht ja nicht darin, dass Gott der Schöpfer und wir seine Geschöpfe sind, sondern dass die Geschöpfe ihren Schöpfer ignorieren, also genau das nicht sind, was sie doch sein sollten: Denkmäler (Zeugen, Sachwalter, Ebenbilder, Offenbarungsorte) der Liebe Gottes in der Schöpfung. Das Problem ist die Gottesblindheit, nicht das Geschöpfsein des Menschen.[66]

---

[66] Gottesblindheit hat viele Gestalten. Sie besteht überall, wo Gottes Gegenwart ignoriert wird, weil man von ihr nichts weiß und sie nicht kennt, wo man sie kennt, aber missachtet, wo sie bestritten und die Lebensorientierung an ihr bekämpft wird, weil man sie nicht gelten lassen will, aber auch wo man sich selbst faktisch oder absichtlich an die Stelle des Schöpfers setzt, weil man sein eigenes Geschöpfsein ausblendet und bestreitet. Überwunden wird diese Gottesblindheit dadurch, dass Gottes Geist einen Menschen für die Wahrnehmung der Gegenwart der Liebe Gottes im eigenen Leben oder im Leben anderer sensibilisiert, für die Ausrichtung seines Lebens an Gottes Gegenwart öffnet und in das ewige Leben Gottes einbezieht. Diese Einbeziehung besteht aber nicht in der Aufhebung der Diffe-

## X Inkarnationschristologie

Dieses Problem wird nicht dadurch gelöst, dass der Schöpfer Geschöpf, Gott also Mensch wird, oder dass der Mensch vergottet und damit Gott wird – in der Missachtung der grundlegenden Differenz zwischen Schöpfer und Geschöpf besteht ja gerade das Problem –, sondern nur dadurch, dass Menschen durch Gott selbst für Gottes Gegenwart geöffnet und damit im Vollsinn Menschen werden. Das ist der zentrale Punkt, an dem die Denklinien im Paradigma der Inkarnation und im Paradigma der Auferweckung auseinanderlaufen. Auferweckungstheologisch wird der Mensch von seiner Gottesblindheit befreit, für die Gegenwart Gottes sensibilisiert und als Mitwirkender in die Wirklichkeitssphäre der Liebe

---

renz zwischen Schöpfer und Geschöpf, sondern gerade darin, diese so zur Geltung zu bringen, dass das Geschöpf das im Vollsinn wird, was es in Gottes Gegenwart sein könnte und sollte: ein Wesen, das ganz aus Gott lebt, alles Gute von Gott erhofft und sich ganz auf Gott verlässt. Der Mensch wird durch die Überwindung seiner Gottesblindheit und die Einbeziehung in die ewige Gegenwart von Gottes Leben also nicht vergottet, also etwas anderes als ein Mensch, sondern er wird im Vollsinn Mensch – ein menschlicher Mensch unter menschlichen Menschen, die durch, vor und mit Gott als dessen Nächste leben. Die Veränderung besteht nicht in einem Wechsel vom *Menschsein* zum *Gottsein*, sondern vom *gottblinden* zum *gottoffenen* Menschsein, von der halbherzigen und unvollkommenen zur vollkommenen Menschlichkeit. Es geht nicht um die Überwindung der Differenz zwischen Schöpfer und Geschöpf in einer (missverstandenen) Theosis, sondern gerade umgekehrt darum, diese Differenz als das zur Geltung zu bringen, was ein wahrhaft menschliches Leben möglich macht. Das soteriologische Ziel der Überwindung der Gottesblindheit des Geschöpfs durch den Schöpfer ist nicht die Vergottung des Menschen, sondern die nie abgeschlossene Konkretisierung seiner Menschlichkeit als Mitmenschlichkeit und Mitgeschöpflichkeit im ewigen Leben Gottes. Der Mensch bleibt Mensch und Gott bleibt Gott. Aber während Gott bleibt, was er immer ist: der liebende Vater und Schöpfer, wird der Mensch durch Gott das, was er von sich aus nicht ist, aber als Gottes Geschöpf sein könnte und sollte: ein mitmenschlicher Mensch.

## X INKARNATIONSCHRISTOLOGIE

Gottes einbezogen. Er lebt nicht nur in Gottes Gegenwart, sondern er wird zum Offenbarungsort von Gottes Gegenwart für andere. Inkarnationstheologisch dagegen wechselt Gott von der Seite des Schöpfers auf die des Geschöpfs, entäußert sich seiner Gottheit und wird zum Mitleidenden einer gottblinden Schöpfung. Doch das für sich genommen ist theologisch eine Sackgasse. Der Mensch muss sich ändern, nicht Gott. Er muss wahrer – also wahrhaft menschlicher – Mensch werden, nicht Gott, und er wird es nur, wenn er aufhört, ohne Gott sein zu wollen oder sein zu wollen wie Gott, also die Differenz zwischen sich und dem Schöpfer zu ignorieren und zu bestreiten. Die Kluft der Sünde wird nicht durch die Menschwerdung Gottes überwunden, aber auch nicht durch den Versuch des Menschen, ohne Gott zu leben oder wie Gott zu werden (darin besteht ja gerade die Sünde), sondern dadurch, dass Gott die Menschen von der Sünde der Gottesblindheit befreit und zum Menschsein im Vollsinn der Gottebenbildlichkeit befähigt.

Nicht Gott also muss anders werden, sondern der Mensch. Der Mensch aber wird nicht dadurch anders, dass Gott Mensch wird (also nicht Gott bleibt) oder der Mensch Gott wird (also nicht Mensch bleibt)[67], sondern dass Gott ihn zum

---

[67] Weder die Inkarnation noch die Theosis müssen so gedacht werden, dass das Gottsein Gottes bzw. das Menschsein des Menschen aufgehoben werden. Aber wie die erste Bewegung in die Probleme der Kenotik führt, so führt die zweite Bewegung in die Probleme der Selbstüberschätzung der Menschen, weil in beiden Fällen die Grunddifferenz zwischen Schöpfer und Geschöpf in Frage gestellt wird. Das Problem lässt sich nicht definitorisch lösen, indem man die Gottheit Gottes genau darin sieht, dass er Geschöpf werden und doch Schöpfer bleiben kann, oder die Menschheit des Menschen darin, dass er vergottet werden und doch Mensch bleiben kann. Damit wird das Problem nur auf beiden Seiten der Unterscheidung wiederholt, aber auf keiner gelöst. Das zeigt sich nicht zuletzt daran, dass

Menschen im Vollsinn macht, also gerade als Gott wirkt und alles neu macht, indem er die menschliche Gottesblindheit und Ablehnung Gottes beseitigt, Menschen für andere zum Ort seiner Selbsterschließung und sie selbst für die Gegenwart seiner Liebe in ihrem Leben sensibel macht und ihnen so ein Leben in der wechselseitigen Liebe von Schöpfer und Geschöpf eröffnet.

### 3

Es wäre allerdings ein Irrtum zu meinen, das trinitarische und das christologische Dogma wären mit ihrem Fokus auf Jesus Christus an der Erlösung der Menschen und ihrer wahren Menschwerdung nicht interessiert, weil es nur um das Verhältnis von Gott und Jesus ginge und mit Gottes Inkarnation in Jesus Christus alles schon erreicht und die Menschheit erlöst ist. Im Gegenteil. Diese Dogmen haben selbst eine soteriologische Pointe. Gerade um unsere Erlösung geht es ja, wenn von der Inkarnation des Logos und der Auferweckung des Gekreuzigten die Rede ist, nicht nur um Jesus. Er ist der Mittler und das Mittel der Erlösung, nicht deren Ziel, der, durch den Gott die Welt mit sich versöhnt (2Kor 5,19), nicht die Aneignung dieser Versöhnung und ihre Realisierung im

---

sowohl die Denkform der Inkarnation als auch die der Theosis Wegbereiter zu einer säkularen Kultur werden können, die sich dadurch definiert, dass sie die Unterscheidung zwischen Schöpfer und Geschöpf zurückweist und in Gestalt der kritischen Selbstkontrolle aller Lebensvollzüge des Menschen durch die Vernunft nur noch die Menschen selbst als das kritische Gegenüber der Menschen kennt. Doch das lässt die Tendenz zur Selbstüberschätzung der Menschen ungezügelt zur Wirkung kommen und mutet der menschlichen Vernunft mehr zu, als sie leisten kann: Die Menschen sind keine vernünftigen Wesen, sondern allenfalls solche, die sich wider alle Vernunft und Erfahrung für vernünftig halten.

## X INKARNATIONSCHRISTOLOGIE

Leben der einzelnen Menschen.[68] Meine Gottesblindheit wird nicht dadurch beseitigt, dass die Gottesblindheit eines anderen überwunden wird. Und während Jesus Christus dafür steht, dass man nicht gottesblind leben muss, weil er nicht so gelebt hat, muss die so erwiesene Möglichkeit bei anderen immer erst Wirklichkeit werden. Jeder bedarf der Erlösung und bei jedem muss sie im eigenen Leben stattfinden. Deshalb muss man präzis reden: Jesus ist nicht unsere Erlösung, sondern er erschließt unseren Erlöser. Unsere Erlösung findet an je unserem Ort statt und nicht anderswo. Und sie findet immer nur durch Gott statt, der jeden zum Ort und Zeugen seiner Gegenwart macht, indem er ihm so gegenwärtig ist, wie Jesus ihn offenbart: als alles erneuernde schöpferische Liebe.

Diese soteriologische Pointe droht aus dem Blick zu geraten, wenn man sich theologisch nur auf Jesus oder (etwas besser) auf Jesus Christus fokussiert und in inkarnationstheologischer Perspektive versucht, die Wirklichkeit der Auferweckung des Gekreuzigten in Gottes Leben, von der man ausgeht, in allem zu finden, was dem Kreuz vorausgeht. In auferweckungstheologischer Perspektive muss man gerade umgekehrt vorgehen. Anstatt das ganze systematische Augenmerk auf *Jesus Christus* zu richten, ist *von ihm her* theologisch *auf alles andere* zu blicken. Sonst liest man in ihn hinein, was man von ihm her über Gott, die Welt, die Menschen erfahren kann und meint erfahren zu haben und verdichtet die ganze Heilsgeschichte christologisch in eine Geschichte zwischen Gott und Jesus. Damit aber verkehrt man die sote-

---

68 Die wichtigen Differenzen zwischen einer Erlösungs-Soteriologie und einer Versöhnungs-Soteriologie können hier unberücksichtigt bleiben. Sie ändern nichts an dem vorgetragenen Argument.

riologische Pointe des christlichen Glaubens (die Gegenwart von Gottes Liebe in jedem Leben) in einen christologischen Sonderfall (die Gegenwart Gottes in Jesu Leben), der die Kluft zwischen Jesus und allen übrigen Menschen nicht schließt, sondern unüberbrückbar macht. Jesus ist nicht einfach Gott, aber auch nicht einfach Mensch, sondern *der Ort, an dem Gott sich offenbart,* nämlich *das von sich kundwerden lässt, was die Menschen zu ihrem Heil von ihm wissen müssen.* In diesem Sinn ist Jesus der wahrhaftige Zeuge bzw. der Ort der Selbstoffenbarung Gottes.[69] Und entsprechend ist der Glaube an Jesus Christus der Glaube an Gott, wie er sich in Jesus Christus kundgetan und zugänglich gemacht hat.

Das Kundwerden der schöpferischen Gegenwart der Liebe Gottes vollzieht sich nach dem Philipper-Hymnus aber nicht schon in der Erniedrigungsbewegung der Inkarnation, sondern erst in der Erhöhungsbewegung der Auferweckung Jesu durch Gott. Erst von dieser her kann man Gottes Liebe auch in jener am Werk sehen. Für sich genommen führt die Inkarnationsbewegung zum Verstummen im Kreuzestod und nicht zum Lobpreis des Namens des Gekreuzigten. Das Kreuz ist soteriologisch stumm und macht sprachlos. Johannes wird sagen: Die Welt erkannte ihn nicht und die Seinen nahmen ihn nicht auf (Joh 1,10 f.).

## 4

Das trifft sich mit der Pointe des Auferweckungsbekenntnisses. Erst von Gottes Erhöhungshandeln in der Auferweckung her kann es ein ‚Wort vom Kreuz' geben, das im Kreuz ein Heilsgeschehen sieht, und ein Evangelium, das in Jesu Leben und Sterben Gott am Werk sieht. Will man der Auferweckung

---

[69] Vgl. Karl Barth, KD IV/3,1.

des Gekreuzigten als soteriologischem Geschehen gerecht werden und sie nicht zum christologischen Mirakel verkürzen, ist sie deshalb nicht im Paradigma der Inkarnation als Auferstehung zu denken, sondern im Paradigma der Auferweckung als bedingungsloses Heilswirken Gottes zugunsten seiner Geschöpfe, ob diese ihn missachten oder nach ihm fragen. Das heißt hermeneutisch, dass die Auferweckung nicht von Präexistenz und Inkarnation her zu erhellen ist, sondern dass diese von der Auferweckung her zu verstehen sind. Und das heißt dogmatisch, dass es in der Christologie nicht um Jesus Christus, sondern um Jesus als Christus für uns geht. Nicht Jesus ist das Geheimnis, das es zu verstehen gilt, sondern wir sind es. Und verstanden wird es nicht, wenn man bei Jesus stehen bleibt, sondern wenn man sich durch Jesus auf Gott hin lenken lässt und so auf dessen Gegenwart im eigenen Leben aufmerksam wird.

## XI Erniedrigung und Erhöhung

**1**

Der Einwand, der sich hier aufdrängt, ist offenkundig: Der Weg hinab und der Weg hinauf sind im Philipper-Hymnus zwei Phasen eines Weges. Man kann die Erniedrigungs- und Erhöhungsbewegung nicht voneinander trennen oder gegeneinander ausspielen, sondern muss sie im Zusammenhang sehen. Das ist richtig, und zwar sowohl im paulinischen Modell von Erniedrigung, Kreuz, Auferweckung und Übererhöhung als auch im johanneischen Modell von Präexistenz, Inkarnation, Kreuzeserhöhung, Auferstehung, Aufstieg und Parusie. Doch ist dieser Weg von vorne nach hinten oder von hinten nach vorne zu lesen? Im ersten Fall ist der Leitgedanke die Inkarnation, und die Auferweckung als Inversion der Inkarnation ist die Vollendung der Menschwerdung des Logos in der Auferstehung und Heimkehr des Logos zu Gott. Im zweiten Fall ist der Leitgedanke die Auferweckung, und die Inkarnation ist als Inversion der Auferweckung die Vollendung der Schöpfung durch die Lebensgemeinschaft des Schöpfers mit den Geschöpfen. Geht es im ersten Paradigma zentral um die Menschwerdung des Logos, so steht im zweiten Paradigma die Menschwerdung durch den Logos im Zentrum.

**2**

Beide christologische Paradigmen haben charakteristische Stärken und Schwächen. So hat das Paradigma der Inkarnation die christologische Debatte dominiert und im Lehrentscheid von Chalcedon mit der Betonung des unvermischten und ungetrennten *vere deus* und *vere homo* Jesu Christi seine theologisch wirksamste Gestalt gefunden. Die Formel *Wo Jesus, da Gott* wird dort als Duplizität zweier prinzipiell verschiedener ‚Naturen' (Gottheit/Menschheit) verstanden, die beide zugleich Jesus Christus (dem Logos) zugesprochen werden, und nicht als zwei unverzichtbare Perspektiven, in denen der Ort verstanden werden muss, an dem Jesus und an dem zugleich Gott ist, so dass Jesus einmal als Gekreuzigter, das andere Mal als Auferweckter in den Blick kommt, als Gekreuzigter im Urteil der Menschen, als Auferweckter im Urteil Gottes. Aus einer Wo-Frage (Wo ist der Gekreuzigte? Antwort: Im Leben Gottes) wird so eine Was-Frage (Was ist Jesus Christus? Antwort: wahrhaft Gott und wahrhaft Mensch), als ob zwei ganz verschiedene Perspektiven wie in einem Picasso-Gemälde der kubistischen Phase zugleich auf die gemeinsame Fläche der einen Person Jesus Christus projiziert werden könnten. Die Standpunkte, von denen aus man ihn beurteilt, werden dann als Bestimmungen dessen dargestellt, den man beurteilt. Man sieht ihn nicht nur von unterschiedlichen Blickpunkten aus in verschiedener Weise, sondern man liest diese Blickpunkte in ihn hinein und stellt ihn an sich selbst als das Zugleich von Verschiedenem dar.

Was ästhetisch wirkungsvoll ist, konnte theologisch nur in Verwirrung stürzen und hat es auch getan. Die Vertiefung, Fortbildung und Kritik der chalcedonensischen Zwei-Naturen-Sicht bestimmt die Geschichte christologischen Denkens im Christentum bis in die Gegenwart. Lag der Fokus des Inkarnationsparadigmas dabei zunächst auf der Menschwerdung des Logos im Leben Jesu, so wurde er bald auf die Fortsetzung der Inkarnation des Inkarnierten im Leben der Kirche ausgeweitet,[70] durch ekklesiale Entschränkung auf die christliche Existenz im allgemeinen[71] und die sakramentale Inkulturation der Gegenwart Gottes in der Vielfalt der Kulturen und Religionen hin verallgemeinert und diffundiert spätestens seit dem 19. Jahrhundert im Universalismus der Inkarnation des Göttlichen in der Menschheitsgeschichte und im Immanentismus des Wirkens des Logos-Geistes in der Kultur- und Weltgeschichte. Aus der Inkarnation des Logos in Jesus Christus wurde so über die inkarnatorische Sakramentalität der Kirche und deren kultureller Entgrenzung (nicht nur im Christentum, sondern in allen Religionenn und Kulturen) und kosmologischer Universalisierung (nicht nur in der Kultur- und Menschheitsgeschichte, sondern auch in der Naturgeschichte des Universums) die immanente Dynamik der Entfaltung der Menschheits- und Weltgeschichte mit dem Telos der Aufhebung aller Differenzen nicht nur zwischen den Geschöpfen, sondern auch zwischen Schöpfer und Geschöpf in der Einheit des Absoluten. Kritiker konnten darin nur den schrittweisen Verlust des Transzendenzbezugs sehen, der das Christentum zum Motor der Säkularisierung der Welt werden ließ.[72] Gottes Eingehen in die Weltge-

---

70 Menke, Inkarnation (s. Anm. 2), betont in diesem Sinn das „inkarnatorische Prinzip" der Untrennbarkeit der Inkarnation in Christus und in der Kirche (222) und die „Untrennbarkeit der Ursakramentalität Christi von der Grundsakramentalität der Kirche" (256) (Kap. F und G).

71 Auch Joseph Ratzinger, Gesammelte Schriften, Bd. XI: Theologie der Liturgie. Die sakramentale Begründung christlicher Existenz (Freiburg 2008) 459 f., spricht von der über Christus und die Kirche hinaus „weitergehenden Inkarnation", deren Sinn es sei, „das Fleisch an den Geist, an Gott zu gewöhnen, es geistfähig zu machen und so seine Zukunft zu bereiten."

72 Auch Menke, Inkarnation (s. Anm. 2), fragt, ob „Entsakralisierung und Säkularisierung" nicht als „Konsequenzen der Inkarnation" verstanden werden müssten (289–298). Er weist das zurück, aber es genügt nicht, stattdessen auf die „[g]elebte Inkarnation" (270) zu verweisen und die Sakramenta-

schichte ist die Verabschiedung der Welt von jedem transzendenten Gottesbezug. Die Inkarnation Gottes in der Welt ist der Anfang vom Ende der Orientierung der Welt an Gott.

**3**

Diese Entwicklung wurde in der Moderne dadurch befördert, dass Gottes Kommen in die Welt als Gleichwerden Gottes mit uns und unserem Elend verstanden und propagiert wurde. Das Evangelium wurde auf die für tröstlich gehaltene Mitteilung zugespitzt: Wir sind in unserem Elend nicht allein. Gott hat sich verwundbar gemacht wie wir. Er ist einer von uns geworden.[73] Aber man vergaß mit gleichem Nachdruck hinzuzusetzen und fortzufahren: *um uns zu retten und die Welt von*

---

   lität der Kirche und die „Übersetzung der vertikalen Inkarnation des Christusereignisses in die horizontale Inkarnation christlicher Existenz" zu betonen (256–264). All das bewegt sich im Horizont des Inkarnationsparadigmas und wirft ähnliche Fragen auf, weil es ähnliche Gefahren in sich birgt. Das gilt auch für die Versuche, diesen ganzen Prozess nicht als Prozess der Säkularisierung, sondern der Sakralisierung zu lesen, die Sakramentalität des Leibes Christi also auf alles Leibliche, Materielle, Fleischliche auszuweiten und Sakralisierung nicht nur als anthropologisches Phänomen zu fassen (wie Hans Joas, Die Macht des Heiligen. Eine Alternative zur Geschichte der Entzauberung [Berlin 2019], bes. 423 ff.), sondern als kosmologische Realität zu beschreiben. Das Inkarnationsparadigma wird damit bis zum Horizont alles Erfahrbaren ausgereizt. Wird aber alles sakral und zum Sakrament, verliert die Rede von der Sakralität und Sakramentalität ihre Pointe und Orientierungskraft. Es wird dann keine Differenz mehr markiert, an der sich christliches Leben und Denken ausrichten könnte. Fruchtbarer und konsequenter ist es daher, angesichts der Aporien entgrenzter Inkarnationsspekulation das Denken im Inkarnationsparadigma durch ein Denken im Auferweckungsparadigma abzulösen, das diese Probleme vermeidet – auch wenn es seinerseits andere Probleme aufwirft.
73 Vgl. für viele Cornelius Bohl, Die Inkarnation (https://franziskaner.net/die-inkarnation/) (22/8/2022).

*Grund auf zu ändern.* Man betonte das Eingehen Gottes in unsere Welt, sein Mitmensch-Werden, seine Vulnerabilität und sein uns Nahesein. Dem Gedanken der Neuschöpfung in der Inkarnation dagegen vermochte man keinen Ausdruck mehr zu verleihen, sondern verlagerte alle rettende und weltverändernde Aktivität vom Schöpfer auf die Geschöpfe: Gott wurde Mensch, um die Menschen zu befähigen, selbst eine gottgefällige Welt zu schaffen.[74]

Das war eine bestenfalls halbherzige Interpretation der Inkarnation: Der Logos[75] verzichtete auf sein Gottsein um zu werden wie wir. Die klassische Christologie hatte das anders entfaltet. Nicht das Eingehen des Logos in unsere Wirklichkeit ist der entscheidende Punkt, sondern die Heilung unserer Wirklichkeit durch ihre Einbeziehung in das göttliche Leben des Logos. Im Rahmen der Zwei-Naturen-Lehre wurde die Inkarnation nicht als Vermenschlichung des Logos verstanden, sondern als *assumtio*, als Auf- und Hineinnahme der beschädigten menschlichen Natur in das Leben der zweiten Person der Trinität. Nicht der Logos wurde wie wir, sondern

---

[74] Vgl. Joseph Oliparambil, Human Responsibility in Salvation: Understanding Christian Soteriology in a Hindu Context (New Delhi 2021); Hermann Brandt, Gottes Gegenwart in Lateinamerika: Inkarnation als Leitmotiv der Befreiungstheologie (Hamburg 1992). Die Spannungen der katholischen Befreiungstheologie mit dem Lehramt ergaben sich eben daraus, dass man dort die Priorität des Veränderungswirkens Gottes in Frage gestellt sah – ob zu Recht oder zu Unrecht, kann hier offen bleiben.

[75] Im Philippertext ist – wie erläutert – von Jesus Christus, nicht vom Logos die Rede, und aus exegetischen und theologischen Gründen ist das nicht in eins zu setzen, wie es die dogmatische Tradition in ihrer synthetisierenden Sicht von Phil 2, 2Kor 5,19 (,Gott war in Christus'), Kol 2,9 (,in ihm ließ sich die ganze Fülle der Gottheit leiblich nieder') und Joh 1,1–14 (,das Wort war bei Gott und wurde Fleisch') getan hat. Vgl. Feldmeier/Spiekermann, Menschwerdung, 212–218.

## XI Erniedrigung und Erhöhung

wir wie der Logos, weil unsere Menschheit durch die Einbeziehung in das Leben des Logos geheilt und so vollendet wird, wie der Schöpfer sie von Anfang an haben wollte. Man musste dazu zwar die fragwürdige Annahme einer menschlichen Natur machen, die allen Menschen gemein ist, musste also die vielfältigen Differenzen unter den Menschen als sekundär und zweitrangig ansehen gegenüber dem, was sie als Menschen im Hinblick auf ihre menschliche Natur teilen. Aber man hatte anders als in der Moderne eine klare Vorstellung der Verteilung von Aktivitäten und Passivitäten im Heilsprozess: Aktiv ist allein Gott, die Menschen sind durchgängig passiv einbezogen, weil ihnen als Gabe zugute kommt, was Gott für sie tut, und sie erst dadurch zum eigenen Gutestun instandgesetzt und zum Mitwirken an Gottes Wirken befähigt werden. Die entscheidende Aktivität besteht dabei im Fall Gottes wie im Fall der Menschen im Verzicht: Der Logos verzichtet auf sein Gottsein, um werden zu können wie wir, und wir müssen auf unser Tätigsein verzichten, um neu werden zu können.

# XII Kenose

**1**

Die Kenose wird damit ein Schlüsselgedanke und Zentralproblem der neueren Christologie.[76] Denn wird sie als *krypsis* gedacht, also als Verbergung der Göttlichkeit des menschgewordenen Logos, dann ist dieser kein Mensch wie wir, sondern ein einzigartiges Gott-Mensch-Wesen, wie es die Neufassung der *communicatio idiomatum* mit der Herausstellung des *genus maiestaticum* in der lutherischen Reformation und Hochorthodoxie zu denken versucht hatte. Jesus Christus scheint dann zwar ein Mensch wie wir zu sein, aber er ist es nicht, weil er die zweite Person der Trinität ist, die die Menschheit in ihrer vollkommenen Form enhypostatisch in sich aufgenommen hat, aber gerade deshalb nicht ein Mensch wie wir ist oder sein kann. Wird die Geschichte Jesu als Gottes eigene Geschichte gedacht, dann ist sie keine menschliche Geschichte, sondern die Geschichte des ‚menschlichen Gottes in der Welt des Menschen', wie Ulrich Wiedenroth gezeigt hat.[77] Jesus ist dann aber in entscheidender Hinsicht anders als wir,

---

[76] Vgl. Paul T. Nimmo and Keith L. Johnson, Kenosis: The Self-Emptying of Christ in Scripture and Theology (Grand Rapids 2022). Einen guten Überblick über die anglikanische und lutherische Diskussion des 19. und 20. Jahrhunderts bietet David R. Law, Der erniedrigte Christus. Die lutherische und anglikanische Kenotik im Vergleich, ZThK 111 (2014), 179–202.

[77] Ulrich Wiedenroth, Krypsis und Kenosis: Studien zu Thema und Genese der Tübinger Christologie im 17. Jahrhundert (Tübingen 2011).

## XII Kenose

nämlich göttlich, und damit in keiner Weise ein Vorbild, dem wir nacheifern könnten.

Das ist auch dann nicht anders, wenn man den Gedanken neureformiert als „ontologische Rezeptivität" des Logos[78] entwickelt, der die menschliche Aktivität Jesu in sich „absorbiert"[79], weil dies zwar den Menschen Jesus von Ewigkeit in Gottes Sein verwickelt, aber eben damit anthropologisch ein christologisches Sondersubjekt „mit zwei Gemütern, Willen usw."[80] schafft, das nur in seinen Aktivitäten, aber nicht in seinem Personsein mit anderen Menschen verglichen werden kann. Jesus Christus nacheifern zu wollen, ist abwegig. Er ist ganz und gar anders als wir.

Wird die Kenose dagegen streng gedacht, also nicht als Verbergung, sondern als Aufgabe und Verzicht des Gottseins des Logos, dann ist der Schöpfer nicht mehr als Schöpfer wirksam und damit auch der Mensch nicht mehr passiv in den Neuschöpfungsprozess einbezogen.[81] Menschen sind dann allein vom ethischen und ästhetischen Potential ihres Lebens her zu verstehen, sie kommen als *homo faber*, *homo ludens* oder *homo fingans* in den Blick, aber nicht mehr als Geschöpfe, die als Nächste Gottes unter Gottes Nächsten leben, weil es keine Wirkgegenwart Gottes, sondern allenfalls religiöse Bedürfnisse, schöpferische Triebe und „Heiligkeitsat-

---

[78] Bruce Lindley McCormack, The Humility of the Eternal Son: Reformed Kenoticism and the Repair of Chalcedon (Cambridge 2021), 7.12.19. passim.

[79] A. a. O., 290.

[80] A. a. O., 62.

[81] Das gilt auch dort, wo man die Schöpfung selbst als Kenose Gottes zu denken versucht. Vgl. J. Polkinghorne, The Work of Love. Creation as Kenosis (Grand Rapids 2001); C. S. Evans, Exploring Kenotic Christology. The Self-Emptying of God (Vancouver 2009).

mosphären und ihre Gottesbilder"[82] in ihrem Leben gibt. Die Abwendung von der dogmatischen Zwei-Naturen-Christologie, die Hinwendung zur historischen Jesus-Forschung seit dem ausgehenden 18. Jahrhundert, die Anthropologisierung der Theologie im 20. Jahrhundert und die Überführung der Theologie in eine weisheitliche Lebenslehre im 21. Jahrhundert sind alle auch dadurch motiviert – mit der Folge, dass die soteriologische Dimension des Christus-Bekenntnisses aus dem Blick gerät und das Urbild des wahren Menschen zum moralischen Vorbild des guten Menschen, zum Befreier von religiöser Gesetzlichkeit, zum Streiter für Gerechtigkeit oder zum Weisheitslehrer der Kunst des Lebens verkürzt wird. In all diesen Ansätzen und Entwürfen bleiben die Menschen unter sich, weil Gott seine Göttlichkeit aufgegeben hat und keine eigene Wirklichkeit mehr besitzt. Gott ist in das Leiden der Welt eingegangen und hat es den Menschen überlassen, die Welt besser zu machen.

Das entlastet Gott (von ihm ist nichts mehr zu erwarten), aber es belastet die Menschen (alles wird jetzt von ihnen erwartet). Die kenotische Selbstaufgabe Gottes im Eingehen in die Schöpfung hat die Besserung der Welt zur Sisyphos-Aufgabe der Geschöpfe werden lassen. Weil Gott keine aktive Rolle mehr spielt, müssen die Menschen selbst die Verantwortung dafür übernehmen, sich selbst gut und die Welt zu einem besseren Ort zu machen. Das wird zwar als Befreiung des Menschen von der Heteronomie des göttlichen Willens dargestellt, ist aber im Gegenteil die Zumutung an die Menschen, sich selbst zu helfen, weil es niemand sonst gibt, der ihnen helfen könnte, und zwar auch dort, wo sie sich selbst

---

82 Huizing, Lebenslehre (s. Anm. 39), 142.

gar nicht helfen können. Der Mensch der Kenosis-Moderne ist der permanenten Überforderung ausgesetzt, sein Dasein zu rechtfertigen und seine Neigungen zur Unmenschlichkeit selbst unter Kontrolle zu bringen und sich besser zu machen, als er ist. Er muss sich selbst erschaffen, weil es keinen Schöpfer mehr gibt. Aber er scheitert daran, weil er nur sehr eingeschränkt für sein Sosein verantwortlich ist und gar nicht für seinen Dasein. All seine Aktivitäten gründen in einer Passivität, von der er sich nicht befreien, sondern die er durch alles, was er tut, nur immer wieder bestätigen kann. Weil er aber nicht aufhören kann, aktiv zu sein, solange er lebt, resultiert die radikale Kenose des Schöpfers in der lebenslangen Sisyphos-Existenz der Geschöpfe: Sie müssen sich selbst besser machen, weil es keinen Schöpfer mehr gibt, der in ihrem Leben am Werk sein könnte, aber sie können sich nicht selbst zu etwas anderem machen, als sie sind, weil sie keine Schöpfer, sondern – trotz allem – Geschöpfe sind.[83] Ihre *conditio humana* ist paradox geworden, auch wenn sie es nicht bemerken oder bestreiten.

## 2

Die entscheidende Veränderung bei Gott und nicht beim Menschen zu suchen, ist die fragwürdigste Folge des Inkarnationsparadigmas in der Gegenwart. Der sentimentale Gottesanthropomorphismus spätmoderner Theologie und

---

[83] Auch der transhumanistische Traum von einer Mensch-Maschine-Verschmelzung ändert daran nichts. Nie können wir uns selbst durch das ersetzen, was wir machen, weil wir stets von unseren Werken unterschieden bleiben, was immer wir aus uns machen. Vgl. Ingolf U. Dalferth, The Power of Passivity: The Challenge of Being Human in the Age of Technology, Philosophy, Theology and the Sciences 8 (2021), 5–28.

XII KENOSE

Philosophie und der damit oft verbundene Eco-Kosmomorphismus einer panentheistischen Theopoetik[84] versteht die „Fleischwerdung Gottes in Jesus Christus"[85] als Gottes Ein-

---

84 An die Stelle des Seins tritt hier das Werden und statt eines Gegenübers von Gott und Welt wird Gottes theopoetische Verwobenheit in die kosmischen Prozesse betont. Theopoetik, schreibt Roland Faber, Gott als Poet der Welt: Anliegen und Perspektiven der Prozesstheologie (Darmstadt 2003), 18, sei „eine Theologie der Perichorese (der gegenseitigen Durchdringung von allem), in welcher das Universum das kreative Abenteuer Gottes darstellt und Gott das Ereignis kreativer Transformation der Welt. Im Netz der Verwobenheit – im Prozess – erscheint Gott als der ‚Poet der Welt': ihr überraschender Schöpfer (der Grund ihrer Neuheit), ihr mitfühlender Begleiter (der Grund ihrer Verwobenheit) und ihr rettender Glanz (der Grund ihrer Harmonie)." Plädiert wird damit für eine Auflösung der Differenz zwischen Gott und Kosmos und das Eingehen Gottes als Veränderungskraft in die Immanenz des Weltprozesses. Damit aber geht nicht nur die Fähigkeit verloren, Gott und Universum real zu unterscheiden, sondern es wird auch unmöglich, in strengem Sinn von Immanenz zu sprechen, weil es den Gegenpol einer kreativen Transzendenz nicht mehr gibt. Vgl. ders., Der Selbsteinsatz Gottes. Zur Grundlegung einer Theologie des Leidens und der Veränderlichkeit Gottes (Würzburg 1995); The Divine Manifold (Lanham 2014); The Becoming of God (Eugene 2017); The Garden of Reality (Lanham 2018); The Ocean of God (London/New York 2019); Depths As Yet Unspoken (Eugene 2020); The Cosmic Spirit (Eugene 2021). Ähnlich auch Catherine Keller, On the Mystery: Discerning God in Process (Minneapolis 2008); Cloud of the Impossible: Negative Theology and Planetary Entanglement (New York 2015); Ecospirit: Theologies and Philosophies of the Earth, hg. von Catherine Keller und Laurel Kearns (New York 2007); Polydoxy: Theology of Multiplicity and Relation, hg. von Catherine Keller und Laurel Schneider (New York 2011); Entangled Worlds: Religion, Science, and New Materialisms, hg. von Catherine Keller und Mary-Jane Rubenstein (New York 2017).
85 Hildegund Keul, Inkarnation – Gottes Wagnis der Verwundbarkeit, Theologische Quartalschrift 192 (2012), 217 (https://vulnerabilitätsdiskurs.de/wp-content/uploads/2015/10/Inkarnation-im-Vulnerabilitaetsdiskurs-ThQ-Keul-2012.pdf) (17/8/2022).

## XII Kenose

gehen in die radikale Diesseitigkeit der Welt und die bedingungslose Hingabe an die Verwundbarkeit, Verletztlichkeit, das Leiden und den Tod fleischlicher, leiblicher, endlicher Existenz.[86] Gegen die abstrakte Allmacht und gefühllose Erhabenheit eines metaphysischen Gottes, an dem man zweifelt, weil man an seiner überheblichen Selbstsuffizienz, Apathie und Empathielosigkeit verzweifelt, betont man Gottes Eingehen in die Leiblichkeit und Vulnerabilität, sein Herabkommen „in die Niederungen des konkreten Lebens"[87], seine

---

86 Dass der entscheidende Punkt darin bestehe, dass der Gottessohn Fleisch angenommen habe und in seiner Leiblichkeit und Fleischlichkeit zum Ort der Epiphanie Gottes geworden sei, betonen viele, auch Gregor Etzelmüller, Gottes verkörpertes Ebenbild. Eine theologische Anthropologie (Tübingen 2021), bes. 3–56.138–158. So richtig der Einsatz seiner Anthropologie beim Evangelium von Jesus Christus ist, so fragwürdig ist die Entfaltung dieses Einsatzes in einem inkarnationstheologischen Denkrahmen, in dem die Leiblichkeit, Fleischlichkeit, Endlichkeit, Verletzlichkeit und Empathie ins Zentrum gerückt werden. Nicht weil diese Akzentsetzungen inkarnationstheologisch falsch wären, sondern weil es nicht um Gottes Eingehen in Fleischlichkeit, Leiblichkeit und Verletzlichkeit endlichen Lebens geht, sondern darum, dass Gott seinen Geschöpfen auch unter diesen Bedingungen schöpferisch gegenwärtig ist. Nicht dass Gott selbst leiblicher Mensch wurde wie wir, ist die Pointe des Evangeliums, sondern dass seine Gegenwart die Welt, in der wir leben und leiden, nicht so lässt wie sie ist, sondern sie durch die Möglichkeiten, die er ihr zuspielt, so verändert, dass sie zum Ort der Erschließung und Lebenspraxis seiner Liebe werden kann. Wir werden verändert, nicht Gott. Das betrifft auch unsere Leiblichkeit. Nicht sie ist das, was uns von Gott trennt, sondern ihr Missbrauch als Mittel, uns die Gegenwart von Gottes Liebe in unserem Leben zu verstellen und verdunkeln. Wo dieser Missbrauch sich ändert, können auch Leiblichkeit, Endlichkeit, Verletzlichkeit und Sexualität zum Ort der Epiphanie von Gottes Gegenwart und Liebe werden, nicht weil auch Gott so ist, sondern weil sie nicht mehr dazu dienen, Gottes Gegenwart zu verdunkeln.
87 Keul, Inkarnation (s. Anm. 85), 222.

„risikobereite Liebe"[88], die sich dem Scheitern aussetzt. „Nur ein kenotischer Gott kann uns retten", schreibt Gianni Vattimo[89] und meint damit den völligen Verzicht Gottes auf seine göttlichen Eigenschaften, der sich im Prozess der Säkularisierung als kenotischem Inkarnationsgeschehen manifestiert,[90] während für Sarah Coakley Gottes sich selbst aufgebende Hingabe an die leidende Welt zum Anstoß wird, eine Spiritualität der Hingabe zu entwickeln, die in Gottes Selbstaufopferung für andere begründet wird.[91] Gott – so lautet die Botschaft – wird wie wir. Aber bei uns bleibt alles, wie es ist. Deshalb können nur wir dafür sorgen, dass es anders wird.

---

[88] Günter Thomas, Das Kreuz Jesu Christi als Risiko der Inkarnation, in: Ders./Andreas Schüle (Hrsg.), Gegenwart des lebendigen Christus (Leipzig 2007), 152.

[89] Gianni Vattimo, Nur ein kenotischer Gott kann uns retten, in Joachim Valentin (Hrsg.), Wie kommt Gott in die Welt? Fremde Blicke auf den Leib Christi (Frankfurt am Main 2009), 23–34.

[90] In „der Kenosis, in der Menschwerdung Gottes in Jesus Christus, säkularisiert sich Gott ja selbst. Gott straft die metaphysischen Träume der natürlichen Religionen Lügen, die ihn als absolut, allmächtig, als das ipsum esse metaphysicum subsistens denken. Das heißt, die Säkularisierung, die progressive Auflösung aller naturalistischen Heiligkeit, ist die eigentliche Essenz des Christentums." Gianni Vattimo, „Ich kann nicht länger Du zu Gott sagen", Herder Korrespondenz I, 9 (2018) (https://www.herder.de/hk/hefte/archiv/2018/9-2018/ich-kann-nicht-laenger-du-zu-gott-sagen-ein-interview-mit-dem-philosophen-gianni-vattimo/) (19/8/2022). Vgl. Gianni Vattimo, Glauben – Philosophieren (Stuttgart 1997); Slavoj Žižek/ John Milbank, The Monstrosity of Christ. Paradox or Dialectic?, hrsg. Creston Davis (Cambridge 2009); Ansgar Kreutzer, Kenopraxis. Eine handlungstheoretische Erschließung der Kenosis-Christologie (Freiburg i. Br. 2011); Friederike D. Rass, Die Suche nach Wahrheit im Horizont fragmentarischer Existenzialität (Tübingen 2017), bes. 9–63.

[91] Sarah Coakley, Powers and Submissions. Spirituality, Philosophy and Gender (Oxford 2002).

## XII Kenose

Das hat wenig gemein mit der eschatologischen Hoffnung, mit der das Christentum seinen Lauf in der Geschichte antrat. Alles wird neu, nichts bleibt so, wie es ist, das Niedere wird hoch und das Hohe niedrig, das Alte vergeht und das Neue bestimmt die Zukunft. Deshalb verkündete man überall den Auferweckungsglauben, und deshalb lud man alle Menschen unabhängig von Herkunft, Geschlecht, Stand, Kultur oder Religion ein, sich auf Gottes Zuwendung einzulassen, ganz auf Gottes schöpferische Liebe zu setzen und alles Gute von Gott zu erhoffen. Das verliert seinen Sinn, wenn Gottes Zuwendung als Hingabe an das Vergängliche und Verzicht auf seine Gottheit ausgegeben wird. Wenn Gottes Gottheit sich darin erschöpft, zu werden wie wir, erübrigt es sich, auf Gott zu hoffen. Man muss kein Verteidiger des abstrakten (und so falsch verstandenen[92]) *ipsum esse metaphysicum subsistens* sein, um das zu sehen. Die Zurückweisung eines fragwürdigen metaphysischen Gottesbildes muss nicht im Plädoyer für das Zerrbild eines Gottes bestehen, der sich selbst für überflüssig hält. Ein schwacher Gott ist kein Gott, an dem man sich in allen Nöten wenden kann, und ein nur mitleidender Gott ist kein Gott, der Leidenden einen Weg aus dem Leiden weist.

Gott in diesem Sinn schwach zu denken, ist eine Schwäche des Denkens, nicht Gottes, und Gottes Zuwendung zum Menschen als Aufgabe seiner Gottheit und als Eingehen in die Niederungen der Schöpfung zu denken, ist nicht nur ein Verfehlen der Göttlichkeit Gottes, sondern auch der Verlust eines

---

[92] Vgl. Anselm K. Min, How Not to Think God: Aquinian Reflections on the Coherence of Panentheism, in: Der Letzte – Der Erste. Gott denken, hrsg. von Hans-Peter Grosshans/Michael Moxter/Philipp Stoellger (Tübingen 2018), 257–279.

sachhaltigen Schöpfungsgedankens. Wer den Schöpfer negiert, hat auch keinen Anlass und kein Recht mehr, von Schöpfung zu reden, und wer Gottes Gottheit im Verzicht Gottes auf seine Gottheit sieht, der setzt göttliche Empathie mit dem Leiden seiner Geschöpfe an die Stelle der Hoffnung, dass Gott ihr Leiden beenden und ihnen helfen will und kann. Ein Gott, der sich nur in unsere Lage versetzt, ohne sie zu verändern, ist keine Hilfe, sondern nur ein weiterer, der Hilfe braucht. Doch Hilflosigkeit ist nicht die höchste Weise zu helfen, auch nicht für Gott, und der Verzicht auf göttliche Macht kein Heilmittel gegen den Machtmissbrauch, unter dem die Geschöpfe leiden. Ein schwacher Gott hilft niemandem, sondern braucht selbst Hilfe. "God needs us as much as we need God", wie John Caputo formuliert.[93] Und ein schwaches Denken Gottes denkt keinen menschlicheren Gott, sondern verzichtet darauf, von Gott irgendetwas zu erwarten.

Es ist eine Bankrotterklärung der Theologie, in diesem Sinn Gottes Stärke in seiner Schwäche zu sehen und nicht darin, sich um die Schwächen seiner Geschöpfe zu kümmern und sie vor den Folgen ihres Fehlverhaltens zu bewahren.[94] Der Hoffnungsruf der Christen lautet nicht ‚Auch Gott ist schwach wie wir', sondern „Gottes Kraft ist in den Schwachen mächtig" (2Kor 12,9). Die Kraft der Liebe Gottes kommt

---

93 John Caputo, The Insistence of God. A Theology of Perhaps (Bloomington 2013), 116. Die Arbeiten von Caputo könnte man insgesamt in diesem Zusammenhang nennen. Ders., The Weakness of God. A Theology of the Event (Bloomington 2006); The Weakness of God. A Radical Theology of the Cross, in: Christophe Chalamet/Hans-Christoph Askani (Hrsg.), The Wisdom and Foolishness of God. First Corinthians 1–2 in Theological Exploration (Minneapolis 2015), 25–79. Vgl. Rass, Suche nach Wahrheit, 64–138.

94 Vgl. Hansjürgen Verweyen, Theologie im Zeichen der schwachen Vernunft (Regensburg 2000).

## XII Kenose

gewiss nicht triumphal, lautstark und überwältigend daher, sondern leise, bittend und verlockend. Sie erscheint der Welt wie Unsinn und Torheit und nicht wie Weisheit und Stärke (1Kor 1–2). Aber sie ist eine Kraft, mit der zu rechnen ist, und nicht der Verzicht darauf, dem Übel zu widerstehen, das Böse zu bekämpfen und das Leiden einzudämmen.[95] Nur mitzuleiden, hilft niemandem. Es vermehrt nur die Zahl derer, die Hilfe brauchen. Doch das Christentum begann nicht mit dem inkarnatorischen Eingehen Gottes in die Leiden der Welt, sondern mit der Überwindung dieser Leiden im eschatologischen Akt der Auferweckung des Gekreuzigten.

Im spätmodernen Denken einer schwachen Theologie ist das weithin vergessen. Eben deshalb ist es heute nachdrücklich in Erinnerung zu rufen. Nicht Gott braucht Hilfe, sondern wir. Andernfalls erübrigten sich Glauben, Hoffnung und eine christliche Theologie. Aber dass Gott hilft und wie er es tut, lässt sich im Auferweckungsparadigma unmissverständlicher sagen als in den spätmodernen Versionen des Inkarnationsparadigmas. Gott bleibt am Werk, auch wo wir nicht mehr wirken können. Deshalb hoffen Christen auf die Möglichkeit des Guten auch dort, wo es nichts mehr zu hoffen zu geben scheint. Ihre Hoffnung lebt von der Wirklichkeit von Gottes Gegenwart, nicht vom Verzicht auf alles, was ‚Gott' genannt zu werden verdient.

---

[95] Vgl. Christophe Chalamet, God's Weakness and Power, in: Chalamet/Askani (Hrsg.), The Wisdom and Foolishness of God (s. Anm. 93), 325–340.

## 3

Um diesen Problemen zu entgehen, hat Petr Gallus in einer klugen Studie versucht, die bei der Kenose gedachte Bewegung als Gottes *Akkommodation* an das Geschöpf zu denken. Diese versteht er nicht als Gottes Selbst-Entäußerung von seiner Gottheit, sondern gerade umgekehrt als die volle Realisierung von Gottes Sein und Wesen: "*God's being is accommodation*"[96], Gott wird nicht zum anderen seiner selbst, wenn er sich dem Geschöpf akkommodiert, sondern er ist überhaupt nur so Gott: "God remains God exactly where he accommodates to the other."[97] Akkommodation ist so die theologische Formel für den *konkreten Vollzug des Für-uns-Seins Gottes*, hat also weder mit der Verbergung noch mit der Aufgabe von Gottes Gottheit in Jesus Christus oder der Schöpfung zu tun, sondern bezeichnet gerade umgekehrt die Erschließung oder Offenbarung und den realen Vollzug von Gottes Gottheit.

Das ist eine vorwärtsweisende Antwort auf die Aporien des neuzeitlichen Kenosisgedankens, der Gott und Geschöpf nur zusammendenken kann, wenn Gott seine Gottheit ruhen lässt oder aufgibt. Beides führt zur Auflösung des Gottesgedankens. Doch die vorgeschlagene Lösung verharrt im Horizont der chalcedonensischen Tradition.

> "The Chalcedonian frame remains preserved: God remains God and human remains human, but God becomes human in the sense that he can create an undisturbed unity with the human – although God and human are different – because God can accommodate to the human and accept humanity without ceasing to be God, for his divinity grounds in his dynamic ability of accommodation."[98]

---

[96] Petr Gallus, The Perspective of Resurrection. A Trinitarian Christology (Tübingen 2021), 206.
[97] A. a. O., 386.
[98] A. a. O., 207.

## XII KENOSE

Gott kann Mensch werden, weil in dieser Akkommodation genannten Fähigkeit seine Gottheit besteht. Gott und Mensch stehen sich nicht einfach gegenüber, sondern Gott ist der, der Mensch werden kann, ohne aufzuhören, Gott zu sein. Durch diese dynamisch-christologische Bestimmung des Gottesgedankens bietet Gallus eine radikale Reformulierung der klassischen *assumtio*-Tradition: Die menschliche Natur wird neu geschaffen, indem Gott sich ihr akkommodiert, sie also zu dem macht, dem er nahe ist, indem er ihm nahe kommt.

Doch gerade unter diesem Gesichtspunkt kann man diesen Versuch auch anders lesen. Dann bringt Gallus im Denkhorizont der chalcedonensischen Inkarnationschristologie mit der Dynamisierung des Gottesgedankens die Idee der Neuschöpfung und damit die Perspektive der Auferweckung zur Geltung. Ist Gott genau darin Gott, dass er sich permanent seiner Schöpfung akkommodiert, diese also nicht nur so macht, dass sie sich selbst macht (und sie dann sich selbst überlässt), sondern so, dass er ihr in diesem Prozess nahe sein kann (und damit stets nahe ist), dann ist er die beständige Kraft der Neu- und Umgestaltung des Geschaffenen am Leitfaden seiner schöpferischen Liebe. Gott ist uns nahe, nicht weil er zu uns kommt, sondern weil er uns zu sich holt. Nichts von Gott Verschiedenes ist, ohne dass Gott es möglich macht, und nichts bleibt, was es geworden ist, weil Gott an und in ihm am Werk ist. Nur Gott bleibt immer, was er ist: die Schöpfungskraft der Liebe, die alles neu, gut und gerecht macht. Das Alte ist immer im Vergehen, und das Neue ist immer im Werden. Aber Gott ist gerade darin Gott, dass er diese Scheidung in das zu vergehende Alte und das werdende Neue vollzieht, nicht nur im Leben, sondern auch im Tod seiner Geschöpfe. Gott ist der aktiv Wirkende, die Schöpfung dagegen bleibt im Werden, nicht weil sie sich selbst zu dem macht, was sie ist, sondern weil sie in diesem Werden durch eine ontologische Tiefenpassivität bestimmt ist, der sie vom Absturz ins Nichts bewahrt, weil Gott in ihr und durch sie seine Liebe zu seiner Schöpfung verwirklicht.

## 4

Das christologische Paradigma der Auferweckung teilt mit der klassischen Inkarnationschristologie die Betonung der alleinigen Aktivität Gottes im Heilsprozess, der auf menschlicher Seite immer nur ein bedingungsloses passives Einbezogenwerden entspricht. Der Mensch verändert sich dadurch, nicht Gott. Das wird im Inkarnationsparadigma der Moderne anders verstanden. Kenotisches Denken betont:

> „Gott begibt sich hinab in die Niederungen des konkreten Lebens. Er entäußert sich und steigt herab [...] Gott [verharrt] nicht in einer erhabenen Position, sondern gibt sich in Jesus den körperlichen und damit endlichen Bedingungen menschlichen Lebens anheim [...] Kenosis ist die Bewegung hinab, dorthin, wo Menschen in ihrer leiblichen Existenz der Verwundbarkeit ausgesetzt sind."[99]

Doch das ist die sentimentale Formulierung einer Halbwahrheit, die den eigentlichen Punkt verfehlt, dass die Welt und das Leben durch Gottes Selbstvergegenwärtigung nicht bleiben, wie sie sind, sondern von Grund auf verändert werden. Gott geht nicht in die Welt ein, sondern die Welt wird durch Gott neu geschaffen. Seine Aktivität besteht im schöpferischen Schaffen, nicht im Verzicht darauf, allenfalls im Verzicht auf den Verzicht, und nur deshalb können die Geschöpfe auf alle eigene Aktivität verzichten und ganz passiv

---

99 Keul, Inkarnation (s. Anm. 85), 222 f.

werden, was Gott aus ihnen macht, ehe sie selbst aktiv zu werden vermögen. Nicht wie wir sie erleben, ist daher der Schlüssel zur wahren Erkenntnis der Welt und der Menschen, sondern was Gott aus ihnen macht.

Damit ist zwar die Transzendenz des Schöpfers gewahrt, aber – so wird kritisiert – um einen hohen Preis: Mit der Betonung der Neuschöpfung scheint die Materialität, Leiblichkeit und Geschichtlichkeit der Welt und dieses Lebens theologisch aus dem Blick zu geraten und das Leiden, Übel und Böse in der Welt überspielt zu werden. Doch das ist ein Irrtum. Die Materialität, Leiblichkeit und Geschichtlichkeit der Welt und des Lebens werden im Auferweckungsparadigma nicht ignoriert und ausgeblendet, sondern sie werden transparent für die Gegenwart Gottes und das Wirken seiner Liebe im Geist. Und auch das Böse und die Übel der Welt werden nicht überspielt und verharmlost. Sie haben vielmehr nicht länger das letzte Wort, sondern werden durch Gott Anlass für Gutes und Neues, das nicht mehr von Gott trennt, sondern für Gottes Zuwendung empfänglich ist. Die Pointe einer Auferweckungschristologie ist daher nicht „alles hat sich verändert, aber niemand hat es bemerkt", sondern „alles hat sich verändert und jeder kann es bemerken, wenn er nicht auf sich, sondern auf Gottes Gegenwart in seinem Leben und im Leben seiner Mitmenschen und Mitgeschöpfe achtet". Neu wird daher nicht die materielle Welt und das endliche Leben, sondern neu ist, dass diese sich als mehr erweisen als sie von sich aus zu verstehen geben: Sie sind nicht die letzte Wirklichkeit vor dem Nichts und dem Tod, sondern der vergängliche Hinweis auf Gottes Gegenwart und unvergängliche Möglichkeiten. Nicht ‚Gott wird wie wir' ist die gute Botschaft des Christentums, nicht Gottes „Eingehen in das faktische Leben" und sein Mitleiden an den „Mächten der naturalen, sozialen und kul-

XII Kenose

turellen Destruktion"[100] ist das Evangelium, sondern dass Gott auch dort Gutes für uns wirkt, wo wir nichts mehr tun und tun können. Es geht nicht um das, was Gott wird, sondern um das, was Gott wirkt und wir durch Gott werden, nicht um die Menschwerdung Gottes, sondern um unser Menschlichwerden durch Gott.

---

[100] Günter Thomas, Das Kreuz Jesu Christi (s. Anm. 88), 169 f.

# XIII Von der Menschwerdung zur Menschlichwerdung

1

Das Paradigma der Inkarnation hat das christologische Denken lange dominiert. Doch die Menschwerdung Gottes ist nicht das einzige, das erste oder das älteste Paradigma der Christologie. „Ihr werdet sein wie Gott", raunte die Schlange in der Genesisgeschichte, um die Menschen zum Übertreten von Gottes Gebot zu verführen (Gen 3,5). Der Mensch soll Gottes ‚Denkmal' in der Schöpfung sein, lautet demgegenüber die vorgängige, der Schöpfung eingeschriebene Verheißung der Gottebenbildlichkeit (Gen 1,26). Der Mensch wird dort Mensch im Vollsinn, wo er als Zeuge und Erinnerungsort der Liebe Gottes in der Schöpfung fungiert. Um die Erfüllung dieser Verheißung geht es im Paradigma der Auferweckung. Die Menschen werden nicht Gott und sie werden auch nicht wie Gott, sondern Gott bezieht sie aus grenzenloser Liebe als die Erinnerungsorte oder ‚Denkmäler' seiner Liebe in der Schöpfung in sein göttliches Leben ein. Das lehrt die Christusgeschichte. Die Schöpfungsverheißung wird wahr, auch wenn Gott die Gottebenbildlichkeit der Menschen gegen ihre Gottesblindheit zum Zug bringen muss. Die Schlangenverheißung dagegen war falsch, aber – so meinen manche – sie wurde doch wahr. Allerdings wurden nicht die Menschen wie Gott, sondern Gott wurde wie sie. So zumindest verstehen viele die christliche Botschaft. An Weihnachten wurde Gott einer von uns. Wir sind, wie wir sind. Und Gott ist wie wir.

## XIII Von der Menschwerdung zur Menschlichwerdung

Das ist keine erfreuliche Botschaft, wenn man auf die menschliche Wirklichkeit blickt. Ein Gott wie wir ist niemand, auf den man seine Hoffnung setzen könnte. Erfreulich wird die Erzählung von der Menschwerdung Gottes erst, wenn man hinzusetzt, dass sich damit alles ändert – nicht im religionskritischen Sinn der Spätmoderne, weil es damit keinen Gott (mehr) gibt, der sich in die Angelegenheiten der Menschen einmischen könnte, da Gott sich selbst aufgegeben hat, sondern im christlichen Sinn, weil der Mensch damit erst das wird, was er als Mensch sein kann und soll: ein menschlicher Mensch, der im Licht von Gottes Gegenwart sich und alle anderen als Gottes Nächste anerkennt und respektiert und sie als Mitmenschen und Mitgeschöpfe gerecht und solidarisch behandelt.

Wer so lebt, lebt mitmenschlich und damit so, wie Gott es durch seine Gegenwart möglich macht. In Gottes Leben aber gibt es auch dort noch Möglichkeiten, wo uns nichts mehr möglich ist. Erst in Gottes Leben gibt es daher Menschlichkeit im Vollsinn. Wer ganz aus Gott lebt, weil er allein durch Gott lebt, lebt als Nächster Gottes unter Gottes Nächsten und damit nicht nur als endlicher Mensch unter endlichen Menschen, sondern als menschlicher Mensch im Leben Gottes. In Gottes Leben aber ist Menschlichkeit nie endgültig realisiert, sondern jede ihrer Wirklichkeitsgestalten wird immer wieder überschritten, weil Gott nicht aufhört, Neues zu schaffen. Die Bestimmung des Menschen zur Menschlichkeit ist daher voller Verheißungen, die uns immer wieder über das hinaustreiben, was wir geworden sind und aus uns gemacht haben. Nie leben wir so menschlich, wie wir könnten und daher sollten. Immer gibt es Grund, danach zu streben, menschlicher zu leben, als wir es tun. Aber dieses Streben wird nur dann zum Ziel führen, wenn Menschen sich Gottes Wirken in ihrem

Leben überlassen und darauf setzen, dass mehr in ihm geschieht, als sie selbst erleben und bewirken. Wer so ganz aus und durch Gott lebt, kann trotz aller Unmenschlichkeit und Zweideutigkeit im Leben der Menschen auf die Möglichkeit immer tieferer und umfassenderer Menschlichkeit hoffen, weil er nicht auf sich selbst setzt, sondern gerade umgekehrt alles Gute allein von Gott erwartet.

2

Um diese Möglichkeit der Menschwerdung als Befähigung zur Menschlichkeit geht es im Christentum, nicht um ein Mirakel, an das man glauben kann oder auch nicht.[101] Es geht um das Menschlichwerden des Menschen, und zwar auch dort, wo von der Menschwerdung Gottes die Rede ist. Das Menschlichwerden des Menschen aber besteht darin, dass Menschen sich zu sich und anderen nicht unmenschlich (also im Widerspruch zu dem, was ihnen möglich wäre), sondern menschlich (also so, wie sie als Menschen sein könnten und sollten) verhalten, andere also so betrachten, respektieren und behandeln wie sie selbst betrachtet, respektiert und be-

---

[101] Das Folgende umreißt einige Bausteine einer christlichen Grammatik der Menschlichkeit. Diese kann hier nicht voll entfaltet werden. Ihre Pointe besteht aber ohnehin nicht darin, dass man sie theoretisch darlegt, sondern dass man sie lebt und konkret praktiziert. Das unterscheidet sie von einer Theorie, die einen Begründungs- oder Erklärungszusammenhang entfaltet, in der kein Stück fehlen kann, ohne dass alles nicht mehr überzeugt. Die christliche Grammatik der Menschlichkeit bietet keine Theorie der Menschlichkeit, sondern leitet durch Hinweise, Beobachtungen und Überlegungen zu einer Praxis der Mitmenschlichkeit und Mitgeschöpflichkeit an, in der alle Menschen als Nächste Gottes gewürdigt und auch andere Geschöpfe in ihrer Eigenart als Adressaten von Gottes Zuwendung und Liebe respektiert werden. Vgl. Ingolf U. Dalferth, Mitmenschlichkeit. Das christliche Ideal der Humanität, NZSTh 62 (2020), 149–166.

handelt werden wollen. Jeder ist anders als jeder andere, aber bei aller Unterschiedenheit im Sosein sind in ihrem Dasein alle gleich.

Menschwerdung ist daher ein mehrdeutiger Ausdruck. Er kann das *Werden zum Menschen* (den Wechsel vom Nichtsein zum Dasein eines Menschen) meinen oder das *Werden als Mensch* (einen Wechsel im Sosein eines Menschen von einer Bestimmtheit zu einer anderen). Im Christentum steht nicht das erste, sondern das zweite im Zentrum.[102] Im ersten Fall geht es darum, dass ein Mensch ins Dasein kommt, also um sein *Menschsein*. Im zweiten Fall geht es darum, wie ein Mensch lebt, also um einen bestimmten Modus, sein Menschsein zu leben, nämlich seine *Menschlichkeit*. Wer Mensch im ersten Sinn wird, ist da, existiert also als ein konkreter Fall der Menschheit. Aber das macht ihn noch nicht zu einem menschlichen Menschen im zweiten Sinn. Dazu muss jeder Mensch erst werden.

Das Werden zum Menschen und das Menschlichwerden eines Menschen sind daher nicht das Gleiche. Jeder, der als Mensch geboren wird, ist ein Mensch, aber keiner ist allein deshalb schon ein menschlicher Mensch. Dazu muss jeder Mensch erst werden durch die Art und Weise, wie er lebt. Er hätte auch nicht sein können (ontologische Kontingenz), und er kann als Mensch auch nicht menschlich leben (existenzielle Kontingenz). Die existenzielle Kontingenz der Menschlichkeit setzt die ontologische Kontingenz des Menschseins voraus, aber sie ist nicht identisch mit ihr.

---

102 Theologisch gesprochen geht es um eine Überwindung der Sünde, der Schwäche, Blindheit und Pervertierung des Menschseins, nicht um eine Ersetzung des Menschseins durch etwas anderes. Der neue Mensch ist ein Mensch ohne Sünde, nicht etwas anderes als ein Mensch.

## XIII Von der Menschwerdung zur Menschlichwerdung

Wie Menschsein eine bestimmte Weise des Lebens ist (eine Konkretionsgestalt des Lebens, das seinerseits eine Konkretionsgestalt des Seins ist), so ist Menschlichkeit eine bestimmte Weise, sein Menschsein zu leben. Als Modus des Menschseins hat auch die Menschlichkeit zwei Komponenten. Die eine betrifft das Dasein als Mensch (das Menschsein), die andere das Dasein *als Mensch unter Menschen* (das *Menschsein*). Dasein ist eine Gabe, die niemand sich selbst verschaffen kann. Sie widerfährt einem, ohne dass man darum gebeten hätte, sie kann als Glück oder als Unglück erlebt werden, und man kann sich dankbar oder undankbar zu ihr verhalten. Menschsein dagegen ist eine Aufgabe, der sich keiner entziehen kann. Wer lebt, hat mit ihr zu tun, ob er das ausdrücklich will oder nicht. Niemand ist nur da (Dasein), jeder ist in einer bestimmten Weise da (Sosein). Man kann das nicht ändern, ohne sein Dasein zu negieren, aber man kann sein Sosein mehr oder weniger menschlich leben, die Möglichkeit der Menschlichkeit also verfehlen oder mehr oder weniger gut realisieren.

Menschlich im Vollsinn lebt nach christlicher Überzeugung, wer sein Menschsein so vollzieht, dass er sein Sosein an jedem Punkt am Gabecharakter seines Daseins ausrichtet, sich zum Dasein anderer also nicht anders verhält als zu seinem eigenen und sie ebenso würdigt und respektiert wie sich selbst: als Menschen, deren unverdientes Dasein sie verpflichtet, sich im Umgang mit sich und anderen menschlich und nicht unmenschlich zu verhalten, sich und andere also als solche zu behandeln, die ihr Dasein als Gabe empfangen haben und dementsprechend vor der Aufgabe stehen, ihr Menschsein dieser Gabe entsprechend zu leben. Jeder kann aufgrund seines Daseins als Mensch zum Ort der Erschließung der Gegenwart Gottes für andere werden. Wer sich bewusst so versteht, sein Leben also an der Gegenwart der Liebe Gottes orientiert, lebt sein Menschsein menschlich, nämlich so, dass er sein eigenes Daseins und das aller anderen Menschen und Geschöpfe als Gottes Gabe würdigt und respektiert. Er lebt als Nächster Gottes unter Nächsten Gottes, behandelt andere also nicht anders als sich selbst: als Wesen, die ihr Dasein nicht sich selbst, sondern Gott verdanken und das in der Gestaltung ihres Soseins beachten. Menschlich lebt, wer so lebt, dass er Gottes Gegenwart anderen nicht verstellt und verdunkelt, sondern zum Ort werden kann, an dem sie sich anderen so erschließt, dass sie sich ihrerseits dazu verhalten und menschlich leben können.

## 3

Auch wenn man sein Dasein nicht als Gabe versteht, steht man vor der Aufgabe, sein Sosein zu gestalten, also menschlich zu leben und Unmenschlichkeit zu vermeiden. Alles ernsthafte Bemühen menschlicher Kulturbildung dient dieser Aufgabe: Sie ist ein Suchen, Erforschen, Erproben und Sichern dessen, was ein menschliches Leben genannt zu werden verdient. Menschen brauchen Kultur, um menschlich zu werden.

Was ‚Menschlichkeit' ist, wird dabei sehr unterschiedlich verstanden. Es gehört zur Grundeinsicht des Christentums, dass diese Frage nicht allein im Hinblick auf das Verhältnis der Menschen untereinander, ihr Verhalten zu anderen Lebewesen oder ihren Umgang mit der Natur geklärt werden kann. Vielmehr bedarf es dazu des Bezugs auf ein Drittes, die Gegenwart der Liebe Gottes im Leben der Menschen, vor dem und von dem her alle ohne Aufhebung ihrer Verschiedenheit gleich sind. Alle sind Gottes Geschöpfe, alle Unterschiede zwischen ihnen sind Unterscheidungen innerhalb der Schöpfung und niemand wird durch sie dem Schöpfer gegenüber privilegiert oder diskriminiert. Unterschiede innerhalb der Schöpfung lassen sich missbrauchen, wenn sie zum eigenen Vorteil und zum Nachteil der anderen gebraucht werden. Die Geschichte der Menschheit belegt das auf Schritt und Tritt. Der Unterschied zwischen Schöpfer und Geschöpf dagegen hilft, solchen Missbrauch aufzudecken, weil er sich nicht den Geschöpfen, sondern allein dem Wirken des Schöpfers verdankt. Diesen Unterschied können wir nicht manipulieren oder aufheben. Auch wenn wir im Verhältnis zu anderen Geschöpfen alles verändern, bleiben wir Geschöpfe.[103] Das können wir nicht ändern, weil es sich allein Gott verdankt. Aber wir können es in der Gestaltung unseres Lebens beachten oder missachten. Beides wirft ein Licht auf unsere Menschlichkeit, und beides zeigt sich daran, wie wir miteinander und mit anderen umgehen. Nur wo auch die anderen als Nächste Gottes gewürdigt und als Gottes Geschöpfe respektiert werden, leben Menschen nicht unter ihren Möglichkeiten, sondern auf wahrhaft menschliche Weise.

Man kann sein Dasein daher christlich nicht als Gabe verstehen, ohne es im Licht der Differenz zwischen Schöpfer und Geschöpf als Gabe des Schöpfers und damit sich selbst als Geschöpf zu verstehen, für das Gott Gutes will und wirkt. Dasein ist besser als nicht dasein, weil man dadurch zum Adressaten von Gottes Wohltaten wird. Sein Sosein an diesem Verständnis des Daseins und damit an der darin sich manifestierenden Zuwendung Gottes auszurichten, führt dazu, menschlich zu leben, es nicht zu tun, die Möglichkeiten der Menschlichkeit,

---

[103] Vgl. Ingolf U. Dalferth, What does it mean to be human? In Kierkegaardian Essays. A Festschrift in Honour of George Pattison, hrsg. v. Clare Carlisle und Steven Shakespeare (Berlin 2022), 1–14.

die einem von Gott zugespielt werden, zu versäumen. Man könnte menschlich leben, aber man tut es nicht, weil man sich selbst nicht als Geschöpf anerkennt und damit auch die anderen nicht als Mitgeschöpfe, sondern allenfalls als Konkurrenten um Lebensressourcen versteht.

Entscheidend für den Umgang mit den Problemen der Menschlichkeit ist also nicht die Frage, wie man sich als Mensch im Verhältnis zu anderen Tieren oder Lebewesen verortet, sondern wie man sein Menschsein lebt, indem man sich als Geschöpf unter Geschöpfen versteht und sich als Geschöpf zum Schöpfer verhält. Die Leitdifferenz, an der sich alle Überlegungen zur Menschlichkeit ausrichten, ist nicht die zwischen Menschen und anderen Lebewesen (Mensch/Tier), aber auch nicht die zwischen Menschen und Gott (Menschheit/Gottheit), sondern die zwischen Menschen und Menschen (Menschlich/Unmenschlich), und zwar nicht im Hinblick auf das, was sie sind (ihr Was-Sein als Menschen, die ihre Menschheit auf je ihre Weise leben), sondern im Hinblick darauf, dass sie sind oder existieren (ihr Da-Sein, das sie nicht sich selbst, sondern Gott verdanken), und ihre daran orientierte oder eben nicht orientierte Weise, wie sie existieren (ihr So-Sein als Menschen, die gottblind oder gottoffen sind und dementsprechend unmenschlich oder menschlich leben). Wie das Was-Sein der Menschen an der Differenz zwischen Mensch und Tier ausgerichtet ist (die immer eine graduelle Differenz ist), und ihr Da-Sein an der Differenz zwischen Geschöpf und Schöpfer (die eine absolute Differenz ist), so ist ihr So-Sein dadurch bestimmt, wie sie sich zur graduellen Was-Seins-Differenz zwischen Mensch und Tier und zur absoluten Da-Seins-Differenz zwischen Schöpfer und Geschöpf verhalten. Denn niemand lebt, der diese nicht entweder ignoriert oder nicht ignoriert, und niemand lebt daher jenseits der existenziellen Spannung zwischen Menschlichkeit und Unmenschlichkeit.

Das ernstzunehmen und den eigenen Lebensvollzug daran auszurichten, macht Menschen zu menschlichen Menschen. Menschwerdung als Menschlichwerden der Menschen ist der lange Weg jedes einzelnen und aller zusammen, Unmenschlichkeit abzubauen und Menschlichkeit aufzubauen, die tiefverwurzelten Neigungen zur Unmenschlichkeit aufzudecken und einzuhegen und die Möglichkeiten des menschlichen Umgangs mit sich und anderen auszuloten und praktisch zu erproben. Menschen werden menschlich, wenn sie mit anderen und sich selbst menschlich umgehen, ihre Verschiedenheit von den anderen also nicht zum Anlass nehmen, sich anders zu ihnen zu verhalten als zu sich selbst, sich als Herren zu verstehen und sie als Herde zu betrachten, sondern sie so zu respektieren und zu behandeln, wie sie selbst von anderen respektiert und behandelt werden wollen.

### 4

Gleichheit im Umgang miteinander ist nie einfach gegeben, sondern immer erst zu erzielen. Das gelingt nur, wenn die Gleichheit, die alle auszeichnet, die sind, obgleich sie auch nicht sein könnten, im jeweiligen Leben auch im Umgang miteinander beachtet wird, wo man sein Leben also ausdrücklich an der existenziellen Gleichheit orientiert, die nicht im Wesen des Menschen, sondern im Dasein als Geschöpf verankert ist. Wo das nicht versucht wird, droht Unmenschlichkeit, wo das gelingt, wird ein menschliches Leben menschlich. Menschlichkeit hat ihre Pointe darin, die Differenz zwischen sich und anderen als Ausdruck der gemeinsamen Gleichheit gegenüber einem Dritten zu verstehen und damit zu verhindern, dass die Unterschiede zwischen Menschen zu

Gegensätzen zwischen Gegnern werden, die sich nicht mehr als Gleiche verstehen, respektieren und behandeln. Wo immer das geschieht, verhalten Menschen sich unmenschlich zueinander. Die Vermeidung von Unmenschlichkeit ist deshalb die negative Minimalbedingung der Menschlichkeit. Positiv bestimmbar wird diese, wenn Menschen bei aller Differenz voneinander sich daran orientieren, dass jeder als Mensch zwar anders ist als jeder andere, alle sich aber als existierende Menschen darin gleichen, dass sie Nächste eines Dritten sind, der sich auf jeden als Du bezieht, so dass jeder sich als Du dieses Dritten auf andere als Du dieses Dritten beziehen, sich also – theologisch gesagt – als Nächster Gottes zu Nächsten Gottes verhalten kann. Menschlich ist es, das zu tun, unmenschlich dagegen, sich anderen gegenüber absolut zu setzen, ihnen also die Würde nicht zuzugestehen, die man selbst in Anspruch nimmt, und sie nicht mit demselben Respekt zu behandeln wie sich selbst. Wie das Menschsein sich nur in der Vielzahl individueller Differenzen konkretisiert, so ist Menschlichkeit nur dadurch zu gewinnen, dass man die Gleichheit beachtet, die alle auszeichnet, die existieren, obwohl sie auch nicht hätten existieren können. Alle sind sich gleich als Geschöpfe, und jedes Geschöpf ist anders als alle anderen.

Menschwerdung als Menschlichwerden des Menschen in diesem Sinn hängt damit aber an der *Wahrung der Differenz* zwischen Mensch und Gott, nicht an deren Aufhebung. Mensch und Gott sind nie gleich, sondern immer als Geschöpf und Schöpfer unterschieden. Die Schlangenverheißung überspielt diesen entscheidenden Punkt. Ihre Verführungskraft liegt gerade in der existenziellen Unbestimmtheit des Wie der verheißenen Gleichheit mit Gott. Doch nichts ist einfach gleich mit etwas anderem, sondern alles ist nur gleich im Hinblick auf etwas Gemeinsames. Was aber könnte das Gemeinsame sein, in dem sich Schöpfer und Geschöpf gleich sind?

Die Kreativität ihrer Schaffenskraft, meinte die Neuzeit, und glaubte, sich damit vom Schöpfer verabschieden zu können. Doch das ist ein Irrtum. Wer durch eigenes Tun sein will wie Gott, übersieht im Streben nach Gleichheit die immer noch größere Ungleichheit, den Abgrund der Differenz, die das Geschöpf vom Schöpfer unterscheidet. Wo Gott wirkt, geschieht stets unableitbar Neues, wird Neues möglich und nicht nur Mögliches wirklich. Wo dagegen Menschen wirken, agieren sie auch dort, wo sie schöpferisch tätig sind, als endliche Geschöpfe, die ihre Möglichkeit nicht sich selbst verdanken. Sie haben einen Anfang, über den sie nicht selbst verfügen. Und sie haben ein Ende, das sie nicht verhindern können. Sie sind von Anfang bis Ende nicht Gott, sondern endliche Geschöpfe, die es ohne den Schöpfer nicht gäbe, auch wenn sie nichts davon wissen wollen.

## 5

Die biblische Urgeschichte beschreibt das Problem präzis. Die Menschen, die dem Schlangenrat folgen, erwerben zwar die göttliche Fähigkeit, zwischen Gut und Böse zu unterscheiden, aber um den Preis des Verdrängens dessen, wer sie selbst sind: Geschöpfe und nicht der Schöpfer. Deshalb sind sie mit dieser göttlichen Fähigkeit noch weniger Mensch als sie es ohne sie waren, wie die Genesis in einer Kaskade von Geschichten entfaltet. Selbst wo sie Gutes wollen, wirken sie Böses. Denn es fehlt das Entscheidende: die Wahrung der Differenz zwischen Schöpfer und Geschöpf. Um zu wissen, was gut und böse *für mich* ist, muss ich wissen, wer ich bin, denn nicht alles, was gut für andere ist, ist es auch für mich, und nicht alles, was gut für mich in einer Situation oder unter einer Beschreibung ist (als Tochter, Mutter, Studentin, Deutsche, ..., Mensch, Geschöpf), ist es auch in einer anderen oder unter jeder anderen. Wer aber nicht weiß, wer er ist, dem hilft die Fähigkeit, zwischen Gut und Böse zu unterscheiden wenig, um sich im Leben zu orientieren und die richtigen Entscheidungen zu treffen. Er kann nicht entscheiden, was gut oder böse für ihn ist, weil er zwar die Fähigkeit dazu hat, sie aber nicht anzuwenden vermag.

Im Hinblick auf das Geschöpfsein hat das fatale Folgen. Wo Menschen durch eigenes Tun wie Gott sein wollen, enden sie deshalb dort, wo die Genesisgeschichte Adam und Eva enden sah: in der Gottesferne einer Menschheit, die wie Gott sein wollte und jetzt nicht einmal mehr in der Lage ist, in rechter Weise Mensch zu sein. Man versteckt sich vor Gott, schämt sich nackt zu sein, gebiert unter Schmerzen, schuftet auf dem Acker, erschlägt seinen Bruder, führt Krieg gegen andere, unterwirft die Tiere, beutet die Natur aus, betrügt seine Eltern, bestiehlt andere, sucht überall seinen eigenen Vorteil, ohne zu wissen, was wirklich gut für einen ist, weil man ja sich selbst nicht mehr kennt.

Die Botschaft ist klar: Der Mensch wird unmenschlich, wo er sich davon abbringen lässt, menschlich zu leben, sei es, weil er zu viel, sei es, weil er zu wenig will. Das Menschlichwerden des Menschen ist daher die entscheidende Aufgabe für die Menschen, um der Neigung zur Unmenschlichkeit entgegenzuwirken, die ihr Menschsein gefährdet und zerstört. Diese Aufgabe lässt sich nach biblischer Überzeugung nicht lösen, ohne die Differenz zwischen Schöpfer und Geschöpf zu wahren. Die Menschwerdung Gottes ist nur dann ein Beitrag zur Lösung dieser Aufgabe, wenn sie diese Differenz wahrt und nicht auflöst. Wo Gott Mensch wird, muss der Mensch neu und anders werden, weil er ganz und gar Geschöpf ist und Gott ganz und gar Schöpfer. Dazu müssen Menschen von ihrer Gottesblindheit geheilt und zur Akzeptanz ihrer Geschöpflichkeit befreit werden, also fähig werden, so zu existieren, dass der Gottesbezug als Ermöglichung und Bereicherung und nicht als Behinderung und Einschränkung ihrer endlichen Autonomie begriffen werden kann. Das Menschlichwerden des Menschen ist eine Existenzveränderung, die Menschen nicht von sich aus vollziehen können, solange sie wie Gott (und das heißt nichts anderes als ohne Gott) sein wollen, sondern die sich ganz Gottes Zuwendung zu ihnen verdankt. Man wird nicht menschlich, wenn man sein will wie Gott, aber man wird es auch nicht, wenn Gott sein will wie der Mensch. Gott kann nichts werden, ohne es neu zu machen. Und für die Menschen gibt es kein wahres – also wahrhaft menschliches – Menschsein ohne Wahrung der Differenz zwischen Schöpfer und Geschöpf. Wird Gott mit dem Menschen eins, dann schafft er ihn neu und macht sich ihm nicht gleich. Er bleibt der Schöpfer und der Mensch das Geschöpf. Aber diese Differenz ist jetzt kein Gegeneinander, sondern ein Mit- und Beieinander, in dem Gott und Mensch nicht gleich, sondern eins sind.

## 6

Theologisch muss die Menschwerdung als das Menschlichwerden des Menschen daher als Neuschöpfung gedacht werden, in der die entscheidende Wende nicht der Wechsel vom Nichts zum Sein (Schöpfung), sondern vom Tod zum Leben (Neuschöpfung) ist, von der Tendenz zur Unmenschlichkeit, die in den Tod führt (Sünde), zur Möglichkeit der Menschlichkeit, die ins Leben mündet (Glaube) – bei uns in diesem Leben und erst recht bei Gott in dessen Leben.

Das maßgebliche Paradigma dafür ist nicht die Menschwerdung Gottes (Inkarnation), sondern das Menschlichwerden des Menschen durch Gott (die Auferweckung), nicht das Herabkommen Gottes in das vergängliche Dasein der Menschen (Erniedrigung), sondern die Erhebung des Menschen in das ewige Leben Gottes (Erhöhung). Ohne die Erhöhung ist die Erniedrigung kein Heilsgeschehen, und ohne die Auferweckung verliert die Rede von der Inkarnation ihre soteriologische Pointe. Von ihr ist theologisch daher auszugehen. Nicht die Geburt des Gottessohnes, sondern die Auferweckung des Gekreuzigten ist der Beginn des Christentums.[104] Wird die Auferweckung von der Inkarnation und die Inkarnation nicht von der Auferweckung her gedacht, verstellt der unklare Gedanke einer Gleichheit von Gott und Mensch die Einsicht in die soteriologische Signifikanz der Gott verdankten Einheit von Gott und Mensch. Gott und Mensch sind eins unter Wahrung ihrer Differenz als Schöpfer und Geschöpf. Sie sind aber nicht gleich, sondern Gott ist der Schöpfer und der Mensch ist Geschöpf. Dass dies keine schlechte, sondern eine gute Botschaft ist, ist die Pointe des Evangeliums von Jesus Christus.

---

104 Die Klage über fehlende Natalitätsbeachtung im Christentum ist daher verfehlt. Vgl. Keul, Inkarnation (s. Anm. 85), 218-223; Elmar Klinger, Die Gottesgeburt. Eine Botschaft der ersten vier Konzilien, in: Ders., Christologie im Feminismus. Eine Herausforderung der Tradition (Regensburg: Pustet, 2001), 241-269. Es geht nicht um das „Undenkbare" einer Geburt Gottes, sondern um die Möglichkeit und Wirklichkeit einer Wiedergeburt gottblinder Menschen als Gottes Kinder. Wie Jesus es in Joh 3,5-8 zu Nikodemus sagt: „Wenn einer nicht aus Wasser und Geist geboren wird, kann er in das Reich Gottes nicht hineingelangen. Was aus dem Fleisch geboren ist, ist Fleisch; und was aus dem Geist geboren ist, ist Geist. Laß es dich also nicht verwundern, daß ich dir gesagt habe: Ihr müßt von oben geboren werden." Nicht die Geburt Gottes als Mensch ist entscheidend, sondern die ‚Geburt Gottes' im Herzen der Menschen, also ihre allein Gott selbst zu verdankende Ausrichtung auf die Gegenwart Gottes in ihrem Leben – oder kurz: die Überwindung der Sünde durch den Glauben.

# XIV Menschlichkeit als Mitmenschlichkeit

1

Das Paradigma der Inkarnation stellt die Menschwerdung Gottes ins Zentrum, das Paradigma der Auferweckung das Menschlichwerden des Menschen. Die Menschwerdung ist an den Differenzen zwischen Gott und Mensch (Göttlich/Menschlich) und zwischen Menschen und anderen Geschöpfen (Menschlich/Nichtmenschlich) orientiert: Wer Mensch wird, unterscheidet sich von Gott (dem Übermenschlichen) und von anderen Geschöpfen (dem Nichtmenschlichen), und das führt im Fall Gottes in die Widersprüchlichkeiten des Inkarnationsparadigmas, auf die das kenotische Denken reagiert. Das Menschlichwerden dagegen richtet sich an der Differenz zwischen den menschlichen und unmenschlichen Weisen aus, als Mensch zu leben (Menschlich/Unmenschlich). Anders als Nichtmenschlichkeit verweist Unmenschlichkeit auf einen Mangel, der besteht, aber nicht bestehen müsste, sondern nicht bestehen könnte und sollte: Wer unmenschlich lebt, unterscheidet sich von denen, die menschlich leben, weil er nicht so lebt, wie Menschen als Gottes Geschöpfe leben könnten und sollten, die um ihre Differenz von Gott wissen und sich an der Gegenwart Gottes in ihrem Leben ausrichten können.

Soweit wir wissen, sind die Menschen unter allen Geschöpfen die einzigen, die das tun können. Sie unterscheiden sich von anderen Geschöpfen dadurch, dass sie nicht nur Gottes Geschöpfe sind, sondern das auch wissen und entspre-

XIV Menschlichkeit als Mitmenschlichkeit

chend leben können. Das zeichnet sie gegenüber anderen Geschöpfen aus und verpflichtet sie zu einem entsprechenden Verhalten ihnen gegenüber. Während der Gedanke der Menschwerdung die Differenz zwischen Menschen und nichtmenschlichen Lebewesen betont (Gott wurde Mensch und nichts anderes), betont der Gedanke der Menschlichkeit die Differenz zwischen einem menschlichen Leben, das sich an Gottes Gegenwart orientiert, und einem Leben, das das nicht tut (Menschen leben menschlich oder nicht). Das erste lässt offen, wie Menschen leben, das zweite wirkt sich auf alles aus, was Menschen tun. Menschen verhalten sich anderen Lebewesen gegenüber nicht dann richtig, wenn sie auf ihr Menschsein pochen und es anhand bestimmter Merkmale (Vernunft, Leidensfähigkeit, Empathiekompetenz) vom Tiersein anderer Lebewesen absolut oder relativ unterscheiden, wie es im Inkarnationsparadigma immer wieder verstanden wurde. Sie verhalten sich vielmehr dann recht, wenn sie auf ihre Menschlichkeit achten und ihr Leben an der Einsicht in ihre Geschöpflichkeit ausrichten, die sie mit anderen Lebewesen teilen, wie es das Auferweckungsparadigma nahelegt. Nicht die Differenz zwischen ihnen und anderen steht dann im Zentrum, sondern die Gemeinsamkeit als Geschöpfe Gottes.

Erst vor dem Hintergrund dieser Gemeinsamkeit lässt sich ihre Differenz bestimmen. Menschen unterscheiden sich von anderen Lebewesen dadurch, dass sie anderen Geschöpfen gegenüber die Einsicht zur Geltung bringen können, dass auch sie Geschöpfe sind, in deren Leben Gott am Werk ist. Sie verweisen auf die Gegenwart des Schöpfers, der auch allem anderen gegenwärtig ist. Das macht sie zu Sachwaltern, Gedenksäulen, Merkorten oder Ebenbildern Gottes in der Schöpfung für andere: Sie sind Erinnerungsorte des Schöpfers in der Schöpfung, weil sie sich und andere daran erinnern können und sollen, dass sie selbst, die Welt und das Leben Gottes Schöpfung sind. Sie leben deshalb dann auf menschliche Weise, wenn sie das deutlich machen und es nicht verdunkeln durch die Art und Weise, wie sie im Umgang mit sich und anderen Menschen und Lebewesen leben. Das angemessene Verhalten der Menschen anderen Geschöpfen gegenüber ist nicht die Herrschaft über sie und die Ausnutzung und Ausbeutung von ihnen, sondern die Verantwortung für sie als Mitgeschöpfe. Darin bestand schon immer die Pointe des theologischen Herrschaftsauftrags in Gen 1,26–28, der nicht die Ausbeutung der nichtmenschlichen Schöpfung legitimiert, sondern die Verantwortung einschärft, andere im Horizont der gemeinsamen Geschöpflichkeit als Mitmenschen und Mitgeschöpfe zu behandeln.

Eben diese Gemeinsamkeit der Geschöpflichkeit aber lässt sich im Auferweckungsparadigma besser zum Ausdruck bringen als im Inkarnationsparadigma, weil es die Passivität der Existenz und den Gabecharakter des Lebens ins Zentrum stellt: Niemand hat sich selbst ins Dasein gebracht, sondern jeder verdankt sich dem, der Leben aus dem Tod, Gutes aus Üblem und Sein aus dem Nichtsein schafft, indem er möglich macht, was ohne ihn nicht möglich sein würde. Das gilt für das Werden zum Menschen (das Dasein der Menschen), und das gilt für das Werden als Mensch (das Menschlichwerden der Menschen). Niemand verdankt sein Dasein sich selbst oder nur anderen Menschen, sondern jeder verdankt es Gott, der es möglich macht. Und niemand lebt von sich aus oder nur für sich allein menschlich, sondern jeder kann nur durch Gott und in der Orientierung an Gott zusammen mit anderen so leben.

## 2

Beides ist entscheidend, der Differenzbezug zu Gott und der Gemeinschaftsbezug zu den Mitmenschen und Mitgeschöpfen. Ist wahre Menschlichkeit nur möglich, wo Gott selbst sich als Schöpfer erschließt und damit Menschen ermöglicht, ihr Leben menschlich, also durch und mit Gott und nicht gegen und ohne Gott zu leben, dann ist sie auch nur möglich, wo die Differenz zwischen Schöpfer und Geschöpf gewahrt und die Gemeinsamkeit der Geschöpfe respektiert wird.[105] Keiner lebt menschlich von sich aus, sondern jeder nur durch und vor Gott, und keiner lebt menschlich für sich allein, sondern jeder nur gemeinsam mit anderen. Jeder steht daher im Hinblick auf den Schöpfer vor der Herausforderung, menschlich zu leben, und niemand kann sich im Hinblick auf seine Mitgeschöpfe dieser Herausforderung entziehen. Man muss sich ihr stellen, weil man da ist, und man kann sich ihr nicht entziehen, weil man zusammen mit anderen da ist.

Menschlichwerden ist daher keine Option, die man ignorieren kann, ohne sich gegen sie zu entscheiden. Man kann nicht vermeiden, entweder menschlich zu leben oder nicht, weil man als Mensch nicht leben kann, ohne das eine oder das

---

[105] Jedes Geschöpf ist anders als jedes andere, aber alle Geschöpfe haben gemeinsam, dass sie als Geschöpfe vom Schöpfer verschieden sind. Sie sind nur möglich durch den Schöpfer, das haben sie alle gemeinsam. Aber im Horizont dieser Gemeinsamkeit sind sie, was sie sind, nur dadurch, dass sie von jedem anderen Geschöpf verschieden sind. Während aber alle Ähnlichkeiten und Differenzen unter den Geschöpfen graduell sind und sich als ein Mehr oder Weniger geteilter Merkmale fassen lassen, ist die Differenz zwischen den Geschöpfen und dem Schöpfer absolut und ohne Zwischenschritte und Übergänge: Gott ist Gott und Geschöpfe sind Geschöpfe. Und das ist auch dort nicht anders, wo Gott sich als Schöpfer in seiner Schöpfung zur Geltung bringt.

andere zu tun. Es gibt bei dieser Frage keine neutrale Position. Wer lebt, lebt entweder menschlich oder nicht, aber er kann nicht keines von beiden tun. Er kann nicht entscheiden, sich nicht zu entscheiden, und er kann sich nicht enthalten, sich zu entscheiden, sondern er lebt faktisch so oder so. Weil die Herausforderung zur Menschlichkeit mit dem Dasein eines Menschen gesetzt ist, kann niemand sich ihr entziehen, sondern jeder muss sich ihr stellen. Ist sie aber mit dem Dasein gesetzt, dann ist sie keine moralische Aufgabe, die Menschen sich im Vollzug ihres Lebens selbst stellen und die sie immer auch ignorieren können, sondern eine existenzielle Aufgabe, vor der jeder steht, solange er existiert, und der sich niemand entziehen kann, solange er lebt. Man verdankt sie nicht sich selbst, sondern dem, dem man sein Dasein verdankt. Man kann sich ihr nicht entziehen, weil man zusammen mit anderen da ist. Man kann sie aber auch nicht zum Abschluss bringen, weil man sie Gott verdankt, und man kann sie nicht zu Ende bringen, ohne dass alle anderen sich ihr auch gestellt haben.

Ist Menschlichwerden ein Prozess, der Menschen durch Gottes Gabe des Daseins ermöglicht wird, dann ist er nicht abgeschlossen, solange Gott einem die Möglichkeiten dafür zuspielt. Menschlich ist man daher nur, indem man es immer wieder und immer besser wird. Endgültige Abschlüsse gibt es nur in der Schöpfung, nicht aber im Verhältnis des Schöpfers zur Schöpfung. Sich an dieser Differenz zu orientieren, heißt darauf zu setzen, dass jede Konkretion des Menschseins (Menschwerdung) und jeder Zustand der Menschlichkeit (Menschlichwerden) ein Durchgangspunkt zu einem besseren ist, weil Gott nicht aufhört, die Quelle neuer Möglichkeiten für die Schöpfung (Menschwerdung) und in der Schöpfung (Menschlichwerden) zu sein. Jedes Leben hat einen Anfang und geht früher oder später zu Ende, Menschen waren nicht immer schon das, was sie heute sind, und sie werden es nicht immer bleiben. Menschwerdung wird daher nicht immer das sein, was bisher darunter verstanden wurde und in der Gegenwart darunter verstanden wird: das Werden zum Menschen als die konkrete Verwirklichung der Merkmale, die wir zum jeweiligen Zeitpunkt zusammengenommen mit dem Ausdruck ‚Mensch' bezeichnen.

Entsprechendes gilt auch für den Prozess des Menschlichwerdens. Er beginnt, wenn Menschen sich in ihrem Leben zur Kontingenz und zum Gabecharakter ihres Daseins verhalten. Ohne da zu sein (ontologische Bedingung) und ohne sich zur Gabe ihres Daseins zu verhalten (existenzielle Bedingung), gibt es keinen Prozess des Menschlichwerdens. Aber wo diese Bedingungen bestehen, findet auch dieser Prozess statt. Er hört nicht auf, solange diese Bedingungen bestehen, aber er bleibt auch nicht auf das eigene Leben beschränkt, sondern setzt sich fort in anderem Leben, mit dem er verknüpft und in das er eingebettet ist. Wenn er einmal begonnen hat, geht er weiter im eigenen Leben, im Leben anderer und in Gottes Leben. Niemand existiert durch sich selbst, und niemand lebt nur für sich allein. Niemand wird daher auch allein menschlich und niemand ist jemals ganz menschlich. Jeder ist vielmehr immer nur im Werden dazu, jeder könnte immer noch menschlicher sein als er ist, und niemand ist ganz menschlich, solange es andere gibt, die noch unmenschlich oder nicht menschlich leben. Menschlichkeit ist intensiv und extensiv steigerungsfähig, weil Menschen immer noch menschlicher leben können, als sie es tun, und immer mehr Menschen menschlich leben können, als es jeweils der Fall ist. Ist Menschlichkeit möglich, dann ist sie immer auch besser und umfassender möglich. Und ist sie im Leben der Menschen möglich, dann ist sie es noch mehr im Leben Gottes, des Schöpfers.

## 3

Aber ist sie möglich? Sie ist es, wenn sie wirklich ist. Dass das der Fall ist, dass die Möglichkeit der Menschlichkeit kein bloßer Traum ist, sondern Wirklichkeit werden kann, dafür steht im Christentum Jesus Christus. Der auferweckte Gekreuzigte ist der erste Freigelassene der Schöpfung, der Menschlichkeit nicht nur postuliert, sondern lebt, indem er in Gottes Gegenwart ganz aus der Gegenwart Gottes lebt und damit anderen den Weg bahnt, auch so leben zu können: ganz aus Gott (Auferweckung) und ganz für andere (Solidarität).

Beides sind theologische, keine historischen Urteile, gelten also nicht von Jesus, der immer auch ohne Rekurs auf Gott verstanden werden kann, sondern vom auferweckten Gekreuzigten, von dem ohne von Gott zu reden nicht gesprochen werden kann. Es gibt keinen hinreichenden Grund zu sagen, der galiläische Jude Jesus, wie historische Forschung ihn im Licht der verfügbaren Quellen umreißen kann, habe ganz aus Gott und ganz für andere gelebt. Das sind Urteile, die weit über das hinausgehen, was sich historisch wahrscheinlich machen lässt. Es gibt aber jeden Grund, das von dem auferweckten Gekreuzigten zu sagen, der durch Gottes schöpferische Liebe in Gottes Leben das wird, was er als Nächster Gottes sein kann (ein Mensch, der seine Menschlichkeit durch und mit Gott und nicht gegen und ohne Gott lebt), und der dadurch für seine Mitgeschöpfe der wird, der ihnen erschließt, dass Gott ihr Nächster ist und sie Gottes Nächste sind. Mit ihm setzt das Christentum ein, ihn bekennt es im Osterbekenntnis und von ihm erzählen auch die Evangelien in der Weihnachtsgeschichte, in den Gleichniserzählungen und Wundergeschichten, und in der Passions- und Kreuzigungsgeschichte. Immer geht es um Jesus Christus und nicht nur um Jesus, immer geht es um Jesus Christus, weil es um Gott geht, und immer geht es um Gott, weil es um alle Menschen und nicht nur um Jesus geht.

Das setzt nicht nur die Differenz zwischen Jesus und Jesus Christus, dem gekreuzigten Nazarener in der Geschichte Israels und dem auferweckten Gekreuzigten im Leben Gottes voraus. Das setzt auch die Differenz zwischen Jesus Christus und allen übrigen Menschen voraus, die in Gottes Gegenwart leben. Und es setzt die Differenz voraus zwischen der Wirklichkeit der Menschlichkeit, die Jesus Christus in Gottes Leben lebt, und der Möglichkeit der Menschlichkeit, die wir in unserem Leben nicht leben. Wahre Menschlichkeit ist möglich, aber sie ist nicht überall schon wirklich, und sie ist nirgends so wirklich, dass sie nicht besser wirklich sein könnte. Wer nach Menschlichkeit strebt, tritt in einen Prozess ein, dessen Ende nicht absehbar ist, auch nicht an der Grenze des Todes. Denn dieser Prozess verdankt sich nicht nur dem, was wir Menschen tun, sondern vor allem dem, was Gott in und durch das, was wir tun, für uns und durch uns für andere wirkt. Er schafft die Möglichkeit der Menschlichkeit, indem er durch seinen Geist Menschen immer wieder dazu bringt, menschlich zu leben und so zu Zeugen seiner Gegenwart für andere zu werden – nicht nur dort, wo sie das sein wollen, sondern auch dort, wo sie dazu werden, ohne es sein zu wollen.

Menschlichkeit gibt es nur in den Myriaden gradueller Konkretionen, in denen Menschen mehr oder weniger menschlich zu leben suchen, sich also bemühen, die Würde anderer ebenso zu respektieren wie ihre eigene und sich im Hinblick auf ihr Menschsein nicht über andere Menschen zu stellen und sie aufgrund von Herkunft, Geschlecht, Klasse, Hautfarbe, Ethnie, Religion geringer zu schätzen und abzuqualifizieren. Stets verbindet sie eine kritische Haltung sich selbst gegenüber mit einem Zutrauen zu anderen, bei aller Verschiedenheit und Andersheit nicht aufzuhören, sich auch um Gemeinsames zu bemühen. Man bleibt sich selbst gegenüber misstrauisch, und damit auch seinem Misstrauen anderen gegenüber. Und man traut sich und anderen mehr zu, als man aufgrund bisheriger Erfahrung erwarten zu können meint, weil man darauf setzt, dass in ihrem und im eigenen mehr Leben geschieht, als sich zeigt oder bislang gezeigt hat. Beides gehört zusammen. Wir haben allen Grund, uns und anderen gegenüber misstrauisch zu bleiben, aber wir haben auch guten Grund, mehr zu erhoffen, als wir von anderen und uns selbst erwarten. Wir sind fragwürdiger, als wir oft meinen, und für bessere Überraschungen gut, als wir oft glauben.

Beides wird deutlich in der Orientierung an der Gegenwart Gottes: Sie schärft ein, sich selbst als Geschöpf zu sehen und sich nicht mit dem Schöpfer zu verwechseln, und sie macht klar, dass man als Geschöpf stets Mitgeschöpf ist und damit in einer fundamentalen Gleichheit mit anderen existiert, die sich nicht eigenem Bemühen um Gemeinsamkeit, sondern Gottes vorgängiger Zuwendung verdankt. Menschen sind auf dem Weg zur Menschlichkeit in der Selbstunterscheidung von Unmenschlichkeit, wo sie ihr Leben an Gottes Gegenwart ausrichten und sich und andere als Nächste Gottes verstehen und behandeln. Dazu gehört, dass sie dafür Gott und nicht sich selbst oder anderen Geschöpfen danken. Sie tun das nicht aus eigener Einsicht, Vernunft und Kraft, sondern durch das, was Gottes Geist in und durch sie wirkt. In einem menschlichen Leben geschieht immer mehr, als man selbst erlebt, weil Gott in ihm am Werk ist. Deshalb erschöpft sich Menschlichkeit nicht in dem, was Menschen aus ihrem Leben machen, sondern besteht in dem, was Gott in seinem Leben aus ihnen für andere macht. Er macht Menschen menschlich, indem er sie durch das Wirken seines Geistes mitmenschlich macht. Und wir leben mitmenschlich, wenn wir darauf setzen, dass in unserem Leben mehr geschieht als das, was wir in ihm bewerkstelligen, erreichen und versäumen.

Der Anfang der Menschlichkeit ist daher der Gott zu verdankende Wechsel von der Gottesblindheit zur Gottoffenheit, und ein gottoffenes Leben besteht darin, darauf zu hoffen, dass Gott es menschlich macht, indem er uns dazu bringt, mitmenschlich zu leben, Solidarität mit denen zu praktizieren, die sie nötig haben, und denen für ihre Solidarität zu danken, die sie frei mit uns teilen. Mitmenschlichkeit ist nicht erzwingbar und niemand hat ein Recht auf sie. Aber sie ist möglich, und das Leben ist besser, wo sie wirklich ist. Sie ereignet sich in oft unabsehbaren Weisen, und sie nimmt immer wieder Gestalten an, die wir bisher nicht vermutet haben. Denn sie ist die Gestalt, in der menschliches Leben am Leben Gottes teilnimmt, und weil Gottes Leben unablässig Neues aus Altem schafft, das Alte vergehen und das Neue entstehen lässt, ist der Weg der Menschlichkeit ein Weg, der von Neuem zu Neuem führt und nur eine Grenze kennt: die Unerschöpflichkeit der Liebe Gottes.

Ingolf U. Dalferth

**Die Krise der
öffentlichen Vernunft**

Über Demokratie,
Urteilskraft und Gott

336 Seiten | Hardcover
13 x 21,5 cm
ISBN 978-3-374-07056-5
EUR 25,00 [D]

eISBN (PDF) 978-3-374-07057-2

Das neue Buch des Theologen und Religionsphilosophen Ingolf U. Dalferth thematisiert die Gefährdung der Demokratie in den westlichen Gesellschaften. Beispielhaft dafür ist die Krise der »öffentlichen Vernunft«. Sie zeigt, dass die deliberative Demokratie in Habermas' Sinn wohl immer schon eine soziale Fiktion war. Internet und Soziale Medien zersetzen die politische Öffentlichkeit. Gesinnung und Emotionen verdrängen Argumente, Gleichheit und Gerechtigkeit werden zu populistischen Leerformeln und kritische Urteilskraft schwindet oder wird diffamiert.
Dalferths differenzierte Diskussion dieser Themen steht in einer radikal-demokratischen Klammer: der kritischen Zurückhaltung gegenüber dem Prinzipiellen und Dogmatischen.

**EVANGELISCHE VERLAGSANSTALT**
Leipzig  www.eva-leipzig.de

Tel +49 (0) 341/ 7 11 41 -44   shop@eva-leipzig.de

Ingolf U. Dalferth
**Sünde**
Die Entdeckung
der Menschlichkeit

432 Seiten | Paperback
14 x 21 cm
ISBN 978-3-374-06351-2
EUR 32,00 [D]

eISBN (PDF) 978-3-374-06352-9

Der Topos der Sünde gehört nicht nur zum Kernbestand theologischer Themen, er bietet auch einen theologischen Schlüssel zum Verständnis für die Herkunftsgeschichte der kulturellen Situation unserer Gegenwart. Der international bekannte Theologe und Religionsphilosoph Ingolf U. Dalferth zeigt das am Leitfaden der Frage nach der Menschlichkeit des Menschen an exemplarischen Punkten und widerspricht damit der weitverbreiteten »Sündenvergessenheit« deutscher evangelischer Theologie.

Dalferths Problemgeschichte der Sünde kritisiert den Zweig der Aufklärungstradition, der meint, die vom Sündentopos bestimmte Interpretation der conditio humana hinter sich lassen zu können, und plädiert für eine realistische Sicht auf den Menschen. Wer an den »sündlosen« Menschen glaubt und meint, auf der Erde das Himmelreich schaffen zu können, baut an der Hölle.

Ingolf U. Dalferth
**God first**
Die reformatorische Revolution der christlichen Denkungsart

304 Seiten | Paperback
14 x 21 cm
ISBN 978-3-374-05652-1
EUR 28,00 [D]

eISBN (PDF) 978-3-374-05653-8
eISBN (E-Pub) 978-3-374-05654-5

Die Reformation war nicht nur ein historisches Ereignis mit weltweiter Wirkung, sondern eine spirituelle Revolution. Ihre Triebkraft war die befreiende Entdeckung, dass Gott seiner Schöpfung bedingungslos als Kraft der Veränderung zum Guten gegenwärtig ist. Gott allein ist der Erste, alles andere das Zweite. Das führte existenziell zu einer Neuausrichtung des ganzen Lebens an Gottes Gegenwart und theologisch zu einer grundlegenden Umgestaltung der traditionellen religiösen Denksysteme.

Das Buch des international bekannten Systematikers und Religionsphilosophen Ingolf U. Dalferth legt dar, was es heißt, Gott vom Kreuzesgeschehen her theologisch zu denken. Und es entfaltet den christlichen Monotheismus nicht als System der Vergewaltigung Andersdenkender, sondern als Lebensform radikaler Freiheit und Liebe, die sich als Resonanz der Gnade Gottes versteht.

**EVANGELISCHE VERLAGSANSTALT**
Leipzig  www.eva-leipzig.de

Tel +49 (0) 341/ 7 11 41 -44   shop@eva-leipzig.de

Ingolf U. Dalferth
**Wirkendes Wort**
Bibel, Schrift und Evangelium
im Leben der Kirche
und im Denken der Theologie

488 Seiten | 14 x 21 cm
Hardcover mit Schutzumschlag
ISBN 978-3-374-05648-4
EUR 38,00 [D]

eISBN (PDF) 978-3-374-05649-1
eISBN (E-Pub) 978-3-374-05650-7

Mit ihrer unkritischen Gleichsetzung von Schrift und Bibel hat sich die protestantische Theologie im Buch-Paradigma eingerichtet. Die reformatorische Orientierung an Gottes schöpferischer Gegenwart in seinem Wort und Geist wurde ersetzt durch die historische Beschäftigung mit Gottesvorstellungen. Will Theologie eine Zukunft haben, muss sie wieder lernen, sich produktiv mit den Spuren des Geistwirkens im Leben der Menschen auseinanderzusetzen. Ingolf U. Dalferth setzt hier neue Impulse und verbindet seine Ausführungen mit praktischen Reformüberlegungen.

**EVANGELISCHE VERLAGSANSTALT**
Leipzig  www.eva-leipzig.de

Tel +49 (0) 341/ 7 11 41 -44  shop@eva-leipzig.de

Ingolf U. Dalferth
**Radikale Theologie**
Glauben im 21. Jahrhundert

*Forum Theologische Literaturzeitung (ThLZ.F) | 23*

288 Seiten | Paperback
12 x 19 cm
ISBN 978-3-374-02786-6
EUR 18,80 [D]

eISBN (PDF) 978-3-374-03441-3
eISBN (E-Pub) 978-3-374-03442-0

Knapp und klar stellt Ingolf U. Dalferth die theologischen und philosophischen Denkansätze der Hermeneutik des letzten Jahrhunderts vor. Das Ergebnis seiner präzisen Denkanstrengung ist eine »Radikale Theologie«, die weder auf antimoderne Verklärung der Vormoderne noch auf mystische Vertiefung des Säkularen abhebt, sondern auf den radikalen Wechsel in eine theologische Perspektive.
»Die Welt ist mehr als das, was der Fall ist, das Leben mehr als das, was wir aus ihm machen, beides mehr, als in Wissenschaften und Philosophie zur Sprache kommt.« Von hier aus entfaltet Dalferth die Wirklichkeit der Offenbarung und tritt für eine unbedingte Hoffnung ein, die alles Profane übersteigt und die Welt am anderen Horizont ihrer selbst ausrichtet – dem Horizont ihres sie liebenden Schöpfers.

**EVANGELISCHE VERLAGSANSTALT**
Leipzig  www.eva-leipzig.de

Tel +49 (0) 341/ 7 11 41 -44   shop@eva-leipzig.de

Ulrich H. J. Körtner
**Theologische Exegese**
Bibelhermeneutische Studien
in systematischer Absicht

340 Seiten | Paperback
14 x 21 cm
ISBN 978-3-374-07175-3
EUR 45,00 [D]

eISBN (PDF) 978-3-374-07176-0

Systematische Theologie und Bibelexegese gehen heute oftmals getrennte Wege. Einer der Gründe ist die Rehabilitierung des Historismus. In Teilen heutiger Systematischer Theologie spielen religionsphilosophische Reflexionen eine größere Rolle als die Texte der Bibel. Die Studien des vorliegenden Bandes begreifen Bibelexegese als theologisches Unterfangen, das historische und systematische Fragestellungen vereint, und Systematische Theologie als konsequenter Exegese. So vielstimmig, spannungsreich und bisweilen widersprüchlich die in den biblischen Schriften zu vernehmenden Stimmen auch klingen mögen, weisen sie doch über sich hinaus auf einen Konvergenzpunkt, der mit dem Wort »Gott« benannt wird. Systematische Schriftauslegung versucht diesem Richtungspfeil der biblischen Texte zu folgen.

**EVANGELISCHE VERLAGSANSTALT**
Leipzig  www.eva-leipzig.de